全柔連「騒擾《そうじょう》の一年」の記録

加藤 英樹

東京図書出版

まえがき

2012（平成24）年のロンドン五輪のあと、柔道界・全柔連（公益財団法人全日本柔道連盟）は、次のオリンピックに向けての選手強化体制を巡って、様々な論議がなされていました。そして、この論議が激しくなっていく中で、9月に全柔連広報委員会YG副委員長から、女子ナショナルチームにおける暴力事件が全柔連執行部（ST副会長）に通報され、これが12月には、15人の女子選手による日本オリンピック委員会（JOC）に対する「女子ナショナルチームにおけるコーチによる暴力等を含むパワーハラスメント」の訴えへと発展しました。

年が明けた2013（平成25）年1月、この15人の選手によるJOCへの訴えの事実がメディアに報道され、ここから8月までの間、柔道界・全柔連に関わる様々な問題がメディアに取り上げられることとなり、いわゆる「全柔連の一連の不祥事」として社会問題化しました。

全柔連は、全柔連の六十余年の歴史で経験したこともないようなメディア・世論の注目と、集中砲火を浴びるという事態に陥りました。2012年9月から2013年8月は、全柔連にとってまさに、「騒擾の一年」となったわけです。

私は全柔連の一職員として、この間、メディアを通して伝わってくる全柔連のイメージと、全柔連の内側から見ている全柔連の姿とのギャップに、日々驚きを感じていました。

全柔連は、メディアで伝えられているような乱暴者・無法者集団ではなく、以前もその時も、一人ひとりが柔道への情熱をもって、一生懸命に仕事に取り組んでいたと思います。

また、いわゆる「全柔連の一連の不祥事」問題についても、全柔連事務局の一員として直接この問題への対応に関わり、全柔連内部から事態の推移を見てきましたが、その実情・実態についても、メディアを通じて世間に伝えられていたことと異なるところが多くあります。

私は、問題への対応に関わった職員の責務として、その時々に備忘メモやレポートを残してきました。そして事態が収束した平成25年8月21日から関連する書類・資料などの整理を始め、10月18日に、これらの情報を「『全柔連の一連の不祥事』に関する記録」(以下「記録」)として全柔連に報告しました。しかし、これはあくまで全柔連の内部資料であり、将来ともに、どこにも公開されることはありません。

今回の出来事は、柔道界・全柔連の中の歴史の一コマではありますが、社会的な問題として対外的にも幅広く伝えられてきた出来事です。メディアを通じて流布されている情報に加え、誰かひとりくらいは、「この全柔連未曾有の危機の時、実はこんなこともありました」という、もうひとつの事実経過を、なるべく早い段階に、外に向けて情報発信しておいた方がいいのではないかと思いました。

私自身は、２０１４（平成26）年1月に全柔連を退職しました。今は、柔道をこよなく愛し、日本柔道を応援し、全柔連の行く末にも高い関心を抱いている、全柔連の一登録会員です。そして退職したことを機に、「記録」において整理してきた記憶を元に、その後に見てきた全柔連の動きとも併せ、本稿をまとめました。

外から投げかけられた情報という縦糸によっておぼろげに見えている図柄に、内から見たもうひとつの情報という横糸を織り交ぜることで、しっかりとした布地の中に、また違った形の、本来の図柄・姿が浮かび上がってくるのではないかと思っています。

私事の余談になりますが、本稿をまとめ上げたあと平成26年9月20日に、生まれ育った九州の海辺の片田舎の町で、中学校卒業50年を迎えての同窓会がありました。さすがスシ詰め状態の教室に史上最大規模のクラス数を誇った団塊世代の同窓会にふさわしく、15歳の春から50年を経た今でも同級生約１００人が出席して盛大に行われました。

あれから50年が過ぎたのかと感慨にふける中、ふと、その頃日記を書いていたことを思い出し、改めて目を通してみました。中学校生活、先生のことや、思春期の楽しい日々のことが縷々《るる》綴られています。その中に、高校入試を間近に控えた3月のある日のこととして次のような記述がありました（氏名の匿名アルファベット表示と注以外は原文のまま）。

3月4日㈭

理科の授業。となりのおしゃべりのHさん（注：女子生徒）が、テキストを忘れていたから見せていたが、Hさんが離れて見るのでT先生が「そげえ、恐ろしそうに離れて見らんでもいいじゃねえか」と言った。理科は最後の授業で、T先生がいろいろ試験の話をしたり、どんなところが出るか、また、今になってまちがいを起こすなと言って次のような話をした。「先生が前、野球部の主任をしていたとき、野球部の生徒が学校からの帰りに、なんの気なしに親指くらいの小さな石を投げたら、それがころげていって下を通る汽車の車掌に当たって、ほっぺたにちょっとかすり傷をしたそうだ。そして、汽車がとまったから、その少年は見に行ったそうだ。すると、次の朝の新聞に、第二中のAは列車に石を投げつけ、車掌に全治1週間のけがをさせ、列車をストップさせた上に逃亡した、と出ていた。新聞なんてものはこんなもんだから、間違いを起こすな」と言った。

前段の、ひとつのテキストに一緒に見入る50年前の思春期男女中学生の間の微妙なぎこちなさと、これを冷やかしながらも温かい眼差しの伝わってくる先生の姿はそれとして、先生のその後の話は、高校入試を直前に控えた大事な時期だから行動には注意せよということを、面白おかしく、たとえ話を用いて訓示したのだと思います。

だが今、メディア報道に翻弄された全柔連の2012〜2013年騒擾の1年の出来事をまとめ終えたばかりであり、「新聞なんてものはこんなもんだから」ということに、50年前からもそんなことが言われていたのかと、ついつい、こちらの方に目がいってしまいました。


ここでは、いわゆる「全柔連の一連の不祥事」というメディアでの用語をそのまま用いました。在職当時は、一職員として、「全柔連の一連の不祥事」問題と認識していましたが、今、少し離れたところから見れば、「全柔連の一連の不祥事」事件と呼んだ方が、問題の本質を、より的確に捉えることになるのではないかと思っています。

この事件に関わった人々について、もう過ぎ去った出来事であり、ここで個人個人のことを改めて取り上げようということではなく、どういうことがあって物事が動いていったのかという、事件の流れを伝えることができればいいので、基本的には当時の関係者の氏名は匿名アルファベット表示としました。

本編は3部構成で、各々独立・完結した内容としているため、一部、内容的に重複しているところがあります。予めご承知おきください。

本稿が、全柔連騒擾の1年の事実経過とその後の状況の一端を少しでも正確に伝えることができ、多少でもこれからの柔道界・全柔連の発展に資するものになればと思っています。

全柔連「騒擾の一年」の記録◆目次

第1部

「全柔連の一連の不祥事」事件の事実経過

■はじめに

それは、今思えば、全柔連にとって、「全柔連の一連の不祥事」という「事件」でした。

私は、全柔連在職時の平成25年10月18日に、「全柔連の一連の不祥事」問題に関する記録をまとめる業務を完了しましたが、それは、以下のような内容によって構成されています。

「全柔連の一連の不祥事」に関する記録（資料一覧）

1 「全柔連の一連の不祥事」問題の経過（まとめ）（平成25年10月18日）
付1　「暴力的指導問題」の経過（備忘メモ）（平成25年4月18日）
付2　「振興センター助成金問題に関する第三者委員会」最終報告書についての総括（平成25年10月18日）
2 メディアスクラップ
（世の中に流布された「全柔連の一連の不祥事」）

(1) 新聞スクラップ　（平成25年1月〜8月分　13冊：広報課保管）

(2) 週刊誌等スクラップ　（平成25年1月〜8月分：別冊）

3 3月12日「暴力的指導に関する第三者委員会」報告書　（全柔連HP参照）

同　聴き取り調査結果要旨　（別冊）

4 4月26日「振興センター助成金問題に関する第三者委員会」中間報告書・同要旨　（全柔連HP参照）

5 6月21日「振興センター助成金問題に関する第三者委員会」最終報告書・同要旨・同添付資料　（全柔連HP参照）

6「全柔連の一連の不祥事」に関する主な動き　（時系列）

ここでまとめた内容のうち、「全柔連の一連の不祥事」事件についての事実経過を記録したものは、前記の、資料1の（まとめ）と付1の（備忘メモ）です。

以下に説明する「全柔連の一連の不祥事」事件の事実経過等は、文章の形式と事実関係に関するところは基本的にはこの記録に残した形式・情報を踏襲していますが、プライバシーへの配慮等もあり、全体的には、原文を元に必要な削除、修正・追加等を加えて作成した、独自の記録となっています。

Ⅰ　「全柔連の一連の不祥事」問題の経過（まとめ）（平成25年10月18日）

メディア報道の中での「全柔連の一連の不祥事」問題と、その実相とは大きく異なる。全柔連事務局内の一担当者の視点から、事案の経過を振り返り、記録し、その備忘とする。内容は以下のとおり。

第Ⅰ章　事実関係の経過と考察

1「監督の行き過ぎた指導」段階での対応

平成24年９月末に表に出てきた、S監督によるA選手への暴力的指導問題について、全柔連執行部は当初から、柔道の指導のあり方を巡るふたりの間の個別的な問題として捉え、ST副会長を中心に、ごく少数の関係者だけで、内々のうちに対策がとられた。

＊1　内々のこととして進めたのは、指導者・選手の双方の将来を考えた場合、表沙汰にせ

ず、両者の話し合いで平穏裡に解決する方が良いと判断したからである。また当時は、このような事案を積極的に公表しようとするマインドはほとんどなかった。

②YG氏の動き

元女子柔道世界王者の指導者YG氏はかねてよりロンドンオリンピック後の全柔連の強化体制に高い関心を抱いていた。そして、メディアで話題となっていた金メダリスト男性柔道指導者US氏の刑事事件やスポーツ界の暴力事件を背景に、全柔連が平成24年4月に公益法人へ移行したことを機に「倫理規程」制定の検討を進めているという動きも視野に、女子ナショナルチームのA選手への暴力的指導問題を、柔道界の重大な「倫理規程」抵触可能性事案として位置づけて追及を始めた。

③女子選手15人のJOCへの訴え

A選手問題が女子強化チームの中で取り沙汰される中、11月11日に15人のナショナルチーム女子選手による訴えの文書がまとめられた。しかし、S監督・A選手問題について全柔連での対応が進行していたこともあり、すぐにJOCには提出されなかった。

④ S監督とA選手の和解

全柔連は当時、YG氏らの要望するような「女子の強化体制の刷新」などは考えておらず、S監督・A選手の個別の暴力的指導問題として捉え、11月28日に両者が和解するという形で結論を出した。

⑤ 全柔連幹部と15人の選手のすれ違い

全柔連は、12月10日に初めて15人の訴えの文書を読んだ。この中にA選手への暴力事件が盛り込まれているが、訴えの内容をよく読むと、それは、ナショナルチームの強化体制の一新を求めているようでもあった。しかし、「選手の方から強化体制の一新を求めてくるなどはありえないこと」という先入観もあり、この訴えを、S監督によるA選手への暴力的指導問題の延長上の事案として捉えた。

＊1 全柔連としては、訴えにあった暴力・パワハラの事例がほとんどこれまでに把握していたA選手に対するものと同じであり、てっきりA選手も15名の中に入っていると思っていたので、すでに11月28日に解決しているはずなのに、なぜ今頃同じ問題を持ち出すのかと戸惑ったというのが当時の受け止め方である。全柔連はその後最後まで、相手が見えないという、極めてやりにくい状況の中で、この問題に取り組むことになる。

＊2　柔道界は狭い世界であり、一旦は名前を伏せても、互いに知らないふりをしているだけで、時間の経過とともに15名の名前は自ずと関係者の知るところとなる。だが、敢えて名前を伏せることで、「名前を出すと復讐される」という「暴力集団全柔連に対する恐怖心」を世論に印象付ける効果はあった。そして柔道界でいつしか、本件についてはたとえ名前が分かったとしても一切外に出してはいけないのだという暗黙の合意が形成されていった。

＊3　15人の訴えは、メディアの中では、「柔道界の古い体質への勇気あるアピール」として受け止められた。しかし見方を変えれば、S監督によるA選手への問題を除けば、あとは選手による様々な不平不満をまとめたものと取れないこともない。オリンピックという大舞台で金メダルを取るということは、代表レベルの選手であれば、どんな指導であっても、それを自分なりに消化し自分の成長の糧にしていくくらいの心身の強さが求められるのではないか。

6 メディア報道から社会問題へ発展

全柔連は、15人の訴えを踏まえ、女子ナショナルチームにおける暴力・暴言事件として、倫理規程や問題対応の内規に沿って対処し、平成25年1月19日に問題収束の結論を出した。1月

23日付書面にてJOCにもその結果について報告し、28日には、全国都道府県柔道連盟に対して、体罰・暴力等根絶についての通知を発した。

しかし結局、全柔連と15人の選手が、訴えの内容について直接にコミュニケーションを持つということはなく、異なる問題意識のままであった。

そして1月29日、この結果に納得しないYG氏らのサイドからの情報リークにより、15人のJOCへの訴えの事実が共同通信社の配信を通じて広く報道されるところとなり、1月30日から始まるメディアを巻き込んでの大騒動に発展していった。

＊1　訴えの書面そのものは何故か公開されていない。この訴えの書面に盛り込まれた「暴行、暴言、脅し行為を含むパワーハラスメントの詳細」の17項目は、暴行事案6件、暴言・脅し事案が8件、その他の意見や感想が3件である。

後日の調査で判明したことだが、ここで指摘された暴行事案6件は全てS監督によるA選手に対するものであった。しかしA選手は15名の中には名を連ねていない。

一方、全柔連の方は、既にS監督によるA選手への暴力問題を認知しているので、メディア等に訴えの事実関係を問われた場合、そのまま認め、判明した範囲での事実関係を説明するしかなかった。

YG氏サイドは、訴えの内容を積極的に公開する必要はないと判断し、メディアにその事実を流した後は、ことの成り行きにまかせたのだと思われる。

＊2　一度でも全柔連幹部と15人の選手が直接話し合う場が持てておれば、これほど問題化することはなかった。そういう場が設けられないことで、メディア・世論的に「虐げられてきた可哀そうな15人の選手と、暴力集団の全柔連」という構図が出来上がってきた。五輪金メダリスト指導者ＵＳ事件の公判や桜宮高校生の自殺事件などのメディア報道が絡んだタイミングで全柔連の暴力的指導問題が取り上げられ、全柔連へのマイナスイメージが異常に膨らんできた。

7 実態の解明を求める：第三者委員会を設置

暴力的指導問題と強化体制刷新の問題は全柔連内部の問題であり、普通であれば、Ｓ監督、Ｙ強化担当理事の引責辞任により収束するところであった。しかし、２０２０年東京五輪招致活動への影響なども絡んで、問題が異常に社会問題化していた。Ｓ監督の暴力的指導事件が、「全柔連の暴力体質事件」として実態以上に膨張した形で報道されており、また全柔連としても、この問題について選手と指導者双方の立場を考えながら、それなりに誠意をもって対応をしてきたという思いもあり、第三者の目による客観的な調査により事実関係・事実経過を明らかにし、メディアや世間に正確に知ってもらいたいという気持ちがあった。

＊1　2月5日の理事会で、第三者委員会を立ち上げて調査をしてもらうことを決定した。5人の委員はいずれも、全柔連スタッフにより構成された第三者委員会事務局が手探

りで人選し、ご本人に直接交渉し、就任要請を行ってきた。各委員の方からも快諾をいただき、幸いに大変バランスのいいメンバー構成で第三者委員会がスタートすることとなった。

＊2　第三者委員会の5人の委員による会合を中心に論議が煮詰まり、聞き取りなども進んだ。15人の選手に聞き取りができないという状況の中、議論の主たるテーマは、根本的な原因の究明と今後の対策ということになってきた。聞き取り時におけるＹＧ氏等の意見が反映されたのだと思われるが、「全柔連の体質に原因があり」、これをひとつひとつ改革・改善していくことが喫緊の課題であるという方向に論議が収斂していった。第三者委員会において、中味の濃い論議がなされた。

＊3　しかしこの後も、ＹＧ氏と、にわかに次々と現れてきた柔道経験有識者によるＹＧ氏と同調の意見が外に向かって広く喧伝される中で、この体質問題がメディアの関心を呼ぶところとなった。その後に情報リークされた「不祥事」事案もすべからく、全柔連の体質問題に結び付けられて取り上げられるようになってきた。ついには、内閣府から、全柔連の組織全体を全面否定されるという状況に至ってしまった。

8 改革・改善を達成する決意

第三者委員会として、「トップが辞任すべき」という具体的な結論には至らず、報告書（平成25年3月12日付）の中では、「当然トップとしての責任をとるべし」という一般的な責任論が論じられた。今後取り組むべき課題が多く盛り込まれており、全柔連一丸となって改革・改善策を進めていくことが、理事会でも論議され、承認された。改革・改善の課題達成の目途とした6月までは現体制で乗り切り、その後のことについては改革・改善の成果により改めて判断をいただく、ということになった。

9 意図的矢継ぎ早な次の情報リーク：助成金問題

第三者委員会の報告内容についての、15名の選手側の代理人等からの一定の評価もあり、今後の改革・改善の方向も示されたことで、暴力的指導問題への対応が一段落したと思った、その矢先、3月18日の暴力的指導問題に関する第三者委員会の報告への対応（執行部の進退論議も含む）を論議するための理事会の開催日を挟んで、「強化留保金問題」と「指導者の助成金不適切受給問題」が相次いで『スポーツ報知』で報道された（3月14日付と3月22日付）。18日の会長・執行部の進退論議を見据えたような、あるいはその論議の結果を踏まえたような情報リークであった。

同じ時期にST副会長から同じ『スポーツ報知』に「執行部で会長への辞任勧告を決定」と

の情報が流れていた（3月16日付）。このような事実はなく、これは誤報であった。

⑩ 実態の解明を求める：再び第三者委員会で対応

それにしても、今回の事案も、全柔連としては突然に天から降ってきたような問題で、やましいことをしているという意識のない中での報道であった。ただお金の管理の問題であり、きちんと実態を解明し、誤解のあるところは解いていかねばならないということで、全柔連の監事団を中心に速やかに調査委員会を立ち上げることになった。

＊1　暴力的指導事件に関し、あれほど社会問題化した事件であり、当然の成り行きとして会長辞任も予想されていた中で、第三者委員会の報告を経てもなおU会長の辞任に至らなかったことに遺憾な思いをした人々がいたようである。

また今回は行政をも巻き込みかねないような公的助成金の問題であり、今度の第三者委員会の設置・構成に当たっては、日本スポーツ振興センター（ＪＳＣ）などから様々な意見が入ってきた。

＊2　結局、ＪＯＣにおける競技団体に関する事案で実績があるという弁護士のＹＵ氏を中心とする、全て外部の人による第三者委員会が立ち上がることとなった。事務局も、ＹＵ氏の事務所所属のスタッフにより構成されることになった。

全柔連としては、一方的に聞き取りを受けるだけで、検討の過程において意見等を挟む余地は全くないという状態の中で第三者委員会がスタートした。

＊3　指導者の指導実態に関しては、『スポーツ報知』の報道内容のインパクトが強く、第三者委員会の調査結果についての見通しは厳しいものが予想されていた。調査もすぐに終わるのではないかと思っていた。

しかし、なぜか中間報告の出る日がどんどん延びていき、調査が進む中で、第三者委員会も、制度そのものが破綻しているということがわかってきたようで、存外いい結果が出るかもしれない、という期待を持てるようになってきた。これが4月上旬から中旬のこと。

ところが、その後4月26日に予定の中間報告発表の前までには、明るい期待が一転、大きく後退してしまっていた。

⑪ 中間報告書発表時の記者会見

このため、中間報告書の発表日前日までの関係者全体の打ち合わせでは、「明日（4月26日）、会長は辞任を表明することになる」という方向でほぼ固まっていた。しかし、「第三者委員会の答申もまだ中間報告であり、要旨は事前に見せてもらったが内容そのものを精査はしていない。組織ぐるみという結論にも納得し難いところがある。26日に辞任を表明してしまうのはまだ早いのではないか」という判断を捨てきれないところもあった。

急遽当日の朝、再度関係者協議の上、「辞任表明」の声明文を修正し、「中間報告の内容を精査し、進退については、辞任も視野に入れて判断する」というトーンで記者会見に臨むこととなった。

翌27日の理事会での論議を経て、U会長も、「進退を含め、今後の対応については、最終報告を見て判断する」という考えを明確にした。

＊1　会長の進退判断に関する事項

①　U会長は、時がくればいつでも進退を明らかにする心づもりはあった。ただ、自分が納得できない形で、メディア報道に左右されて、人任せに進退を定めるということには、最後まで抵抗があるようだった。

②　一方、U会長の気持ちや、自分の一存だけで進退を決めることのできない事情もあった。ひとつは、K講道館名誉館長・全柔連名誉会長に後継を託された時、次の世代に正しい講道館柔道を繋いでいくことを自分の使命とし、託されたからには何としてもやり遂げたいと心に決めていたこと。次に、世界で日本柔道がどうなるか、今が正念場と自覚しており、全力を投入して自ら国際柔道連盟（ＩＪＦ）対策に取り組んでいた。ＩＪＦの会長とも、正しい柔道を世界に広めていくための同志的な人間関係を築いてい

た。道半ばのＩＪＦ対策のためにも今辞することはできなかった。三つ目は、協賛スポンサーとの関係で、特にＵ会長全柔連だからと長年強力に応援してくれている大口スポンサー会社に対して、信頼に応えていかねばとの思いが強かった。そして、柔道界内外、全国各地から寄せられる「Ｕ氏、頑張れ」の熱心な声援も、辞任の決断へ重くのしかかっていた。

③　Ｕ会長は、柔道に対する情熱と柔道界への責任感と、自らの信じるところに従い、最後の最後まで、自分が心から納得しない限りは辞任表明をしないという、精神的にもっともきつい選択をし続けてきた。毎日毎日、夕方５時半の退勤時間になると廊下で沢山の記者が待っており、このぶら下がり取材を避ける様子もなく正面から受けて、真摯な姿勢で、忍耐強くこなしていた。何かあるたびに記者が押し掛けコメントを求めてくる。ことあるごとに、情報番組のテレビカメラを含む多くのカメラの列の前で、記者たちの容赦のない質問攻めに、質問が途絶えるまで根気強く、誠意をもって答える。言いたいこともあるだろうに、ぐっと飲み込んで堪える。はたでそれらの一部を覗き見ることができたが、普通なら頭がおかしくなって自殺するか、体調を壊して入院してもおかしくないような状態が続く中にあって、相次ぐ報道のショックからの立ち直りも早く、じっと耐えて平常心を保ってきたその胆力には驚嘆するばかりであった。

⑫最終報告書に向けての活動：意見と要望を提示

4月26日の記者会見のあと、事務方として、中間報告書の内容を精査するとともに、事務局現場からの意見をまとめて事務局長に「上申書」として提出し（5月2日）、これを受けて事務局長から第三者委員会に対して「意見と要望」を提出した（5月28日）。

＊1　これらの内容を踏まえ会長名での「要望書」を第三者委員会に提出する（6月4日）など、U会長以下複数の全柔連スタッフにおいて二度にわたり第三者委員会に対して強化スタッフの役割等についての実情・実態を訴えたが、第三者委員会の全柔連の強化委員職の指導スタッフの受給資格に対する判断は、ほとんど変わるところはなかった。

＊2　しかし、このような一連の活動の結果、実情・実態についての理解は進み、「個々の指導者の強化活動そのものは評価する」、「個々の指導者の責任を問わない」、「指導者個人のプライバシーには配慮する」というところまでは最終報告書に反映された。

それとの引き換えとなったかのように、全柔連の組織としての遵法精神・指導責任と全柔連幹部の責任は更に厳しく追及されるところとなった。

とりあえず指導者個人については、ある程度救済されるところまでこぎつけることができ、U会長も少し安堵したようであった。

⑬「要望書」の扱い

事務局職員から事務局長に提出された「上申書」と事務局長から第三者委員会に提出された「意見と要望」を添付したU会長名の「要望書」の内容を最終報告書に添付するかどうかについて、ことを荒立ててもいけないので、取り下げた方がいいのではないかと、全柔連内で議論が分かれていた。

最後は、「全柔連の意見は、今回は容れられるところとはならなかったが、決して間違ったことを言っているわけではないので、後の議論のため、後世の検証のために、きちんと主張してきた証しは残しておくべき」との判断により、要望書は添付してもらって結構、という最終結論となった。

＊1　後日、その「要望書」、特にその中の「全柔連事務局内の書類として職員から事務局長に提出されていた上申書」での記述が、「全柔連からの要望書」としてテレビの情報番組などを中心に部分的に引用され、揶揄されながら面白半分に取り上げられたことは残念であった。この間の事情を何も伝える術もない中で、全柔連が第三者委員会に対して要望書を提出したことが批判されるのは一般的には無理からぬところもあり、全柔連側事務スタッフとしては、ただただ切歯扼腕するしかなかった。

⑭ 歴史が評価する

暴力的指導問題も、指導者個人助成金問題も、第三者委員会の答申内容も含め、メディアによる情報が、しばし日本中で「事実」として伝えられていくことになる。これは、今の時勢に照らして、仕方がない。

しかし事案の真相と、それへの適正な評価は、いずれ時間の経過とともに、歴史がそれを明らかにしてくれるということを信じたい。

第2章　事案の周辺事情

① すべてはメディアへの情報リークから始まった

全柔連に関わる一連の事案の報道への情報リークと、この時々の社会的な関心事、これを取り巻く利害関係のある人々・団体等の動き、これらを報ずるメディアの動きが、精密機械のように寸分違わぬ絶妙な組み合わせとタイミングでかみ合いながら、全柔連とU会長のイメージに最大限のダメージを与え、U氏体制を退陣に追い込んできた。

その全ては、どこかの筋からのメディアへの情報リークから始まっている。

タイミング的にオリンピックの東京招致問題とも微妙に絡んだ問題でもあり、どこかに、そのようなメディアの動き、行政・政治への働きかけを含む世論を巧みにコントロールするプロフェッショナル集団の存在があるのではないかとさえ思った。

②「全柔連の一連の不祥事」という枕詞

新聞記事等の中で「全柔連の一連の不祥事」、「不祥事が次々と発覚した全柔連」という文言が枕詞的に使われていた。

しかし、暴力・パワハラ問題、助成金問題、セクハラ問題等いずれも、事案発生の時期、経緯、関係者、原因等、個々に見ていくと、各々個別の問題であり、全柔連の体質問題からくる一連のものとして連続的・連鎖的に起きたということではない。誰かがここぞとばかりに、何でもいいので、とにかく柔道界・全柔連がらみの不祥事ネタを探し出し、メディアを通じて次々に世に明らかにしていったということである。

暴力的指導問題は、S監督のA選手に対する強化指導における特殊な状況の中での出来事であり、誤った指導方法の問題である。誤りは誰でも犯すことがある。誤りに気づいたら速やかに迷惑をかけた相手に詫び、強い決意をもって正していくしかない。S監督は、誤りに気づいた平成24年11月の段階で、想定外の出来事に呻吟しながらも真摯に反省をしていた。

指導者個人助成金・強化留保金問題は、選手の活躍により指導者への助成金枠が急速に拡大したことにより制度活用の面での緩みが生じていたところを、意図的に社会問題化されたところがある。

柔道人以前の人としての個人的な性癖に起因するような個別の破廉恥事件は別にして、全柔連の柔道の指導、強化に関わる事案に悪意は全くなく、普通であれば、真摯で謙虚な反省と、これまでどおりの全柔連の自助努力・自浄作用の範囲で、ソフトランディングで解決し得る問題であったと思われる。

＊1　実態的には人の命にも関わるもっと深刻である柔道の安全指導問題について、まだまだ途上とはいえ、ここ数年の努力で目に見えて成果が上がっていることが、これを証明している。

ただガバナンスの問題については、柔道界は身内意識が強く情に厚いことは美徳でもあるが、反面、もたれ合い体質や脇の甘さとなり、全柔連の組織としてのガバナンスの面で不備なところが生じていたかもしれない。

しかしコンプライアンスの問題については、今回、指導者個人が直接に受給するという特殊な位置付けにある指導者個人助成金問題において、敢えて第三者委員会によって浮き彫りにされる形で「全柔連の遵法精神の問題」としての指摘がなされたものであり、全柔連の法人運営に関する他の事項についてはほぼ完璧にコンプライアンスを達成してきている。

＊2　大学などのメディア専門の学者などに分析してもらうとはっきりすると思われるが、全柔連側がこの間一切抵抗も反論もしなかったこともあり、今回の事案は、メディアをフルに活用して物事を動かした典型的な事例となるのではないかと思われる。

世論はすべからく、メディアを通じて知らされる、さる筋からの情報操作に踊った。事案そのものの真実・真相、冷静な評価はどこかへ飛んでいき、「メディアを通じて知らされていることが事実だ」と思わせてしまうような現在の世の中の風潮にも乗った。

最後は、一部の柔道関係者による政治家等への働きかけもあり、また第三者委員会のYU委員長からも「内閣府も動く」との懸念が示されていたように、結果として、国が関与して一スポーツ競技団体のトップを辞任に追い込むという、スポーツ団体の自律性、自主自立を毀損しかねない異常な展開となってしまった。

3 全柔連の広報体制

U会長が、強力な反U氏のネットワークに絡めとられて、どうにも動きの取れない状態の中、全柔連広報委員会UN委員長が、遅まきながら、全柔連の広報体制を充実させていくということで、執行部・事務局に参加してきた。

ちなみに、全柔連広報委員会副委員長は、メディアを通じて激しい全柔連批判を展開していたYG氏である。もちろん最後まで、全柔連側の広報には一切関わっていない。

④「信頼する心」届かず

U氏は、「同じ柔道人、目指す目標は同じなはず、意見の違いがあっても、話し合えば互いに分かり合える」との考えで、人を信頼することで柔道界をまとめていこうとしたが、一部の人にはこれが通用しなかった。

全柔連の広報委員会副委員長YG氏は、その発信力が期待されてをこの職を委嘱されたのだと思われるが、その逆の役割を果たした。また当然全柔連からの推挙もあってJOCの理事にも就任したのだと思うが、JOCの女性アスリート専門部会長として、15人の女子選手の不満の声をまとめて女性アスリート部会に訴えさせ、メディアにもリークするという、自作自演ともとれるような役回りを演じた。これが今日に至る柔道界のイメージ凋落の一連の動きの端緒となった。信頼は完全に裏切られた。

＊1　またST副会長も、当初、A選手への暴力的指導問題に主導的な役割を果たして取り組んでいたが、これに頓挫してからは、世論をにらみながら、「これからの柔道界のために」として、U氏体制崩しの舞台回しに転じた。

そのST氏は、3月の理事会の場で、「執行部による会長への辞任勧告」虚偽情報リークの責任を追及されて副会長職を解任されかねない場面があった（平成25年3月18日「理事会議事録」5〜6ページ）。説明を求められてST副会長が返事に窮し議場がしばし沈黙の中、ある理事から、「ここは柔道界一丸となって取り組んで行きましょう」との言葉があり、そこまでの事態には至らなかった。

ＳＴ氏のその後の動きについては不明なところが多いが、ついには氏の持論であった執行部総退陣に至る、という結果となった。

5 全柔連のガバナンス問題

平成25年3月中ごろから、全柔連を取り巻く一連の動きは、どこかの大きな力と合流したＳＴ副会長を中心とする動きによる混乱ということもはっきりしてきた。

情報がダダ漏れとなるため執行部（会長、副会長、専務理事、事務局長で構成）や理事会にまともには情報や論議を出せないという状況に陥っていた。

もともと理事会の開催は年3回であり、ここで日常の事業活動に関わることが審議されることはほとんどない。執行部を中心に業務が遂行されていたのだが、この頃は、事態が目まぐるしく動くこともあり、執行部メンバーの内、ＳＴ副会長（と福岡在住のＦ副会長）への事後報告でものごとを判断せざるを得ないところが多くなっていた。これが、一連の事案が発生して以降の新たなガバナンスの問題となり、「全柔連の対応としての適切さを欠く」と指摘される原因のひとつとなった。

＊1　第三者委員会は、理事会を通すことなく第三者委員会に要望書を提出したことや、あるいは一連の事態についての執行部だけで論議して内閣府への報告を行ったことについ

て、ガバナンスの問題として不適切であったと厳しく指摘している。

第三者委員会への「上申書」「意見と要望」についての連絡などについて、理事に対して第三者委員会への対応についての中間状況報告として通知文書を送付すべく用意をしていた。しかし、第三者委員会に書面を送ること自体が世間の誤解を招きやすい動きでもあるため、内部情報ダダ漏れの状況に鑑みて、遂にこれも自主規制して、理事への報告を取りやめにしてしまったという経緯がある。

また、内閣府への報告等、外部への報告事項は、「稟議規程」により会長決裁となっており、理事会に事前に付議しなければいけないということにはなっていない。

６ 会長辞任・役員の総退陣

２０１０（平成22）年の世界選手権東京大会で10個の金を獲得したあと、ロンドン五輪では、予期せぬ成績不振に見舞われた。勝負の世界に、その時々の勝ち負けはつきものである。

全柔連は、さて次はどこから重点的に取り組むかと模索していた矢先に、ＹＧ氏らによるメディア利用の動乱の渦に巻き込まれた。連鎖的に、嵩にかかったように一連の出来事（いわゆる「不祥事」のメディアへの情報リーク）が襲い掛かってきた。

混乱の中で、メディアと世論に押し切られるままに、最後は、一部に報じられているような柔道関係者による政治家を通じた行政への働きかけもあり、内閣府からの勧告を受ける形で、柔道界改革への道半ばながら、事態の収拾のため、U氏が全柔連会長職を辞するとともに、理事・監事、執行部も総退陣した。

これまでの4年間全柔連は、U氏と両副会長を中心に、柔道界内外で豊富な経験と人脈を持つO専務理事、M事務局長が三位一体となって、全柔連を支えてきた。全柔連の運営に参画する各界の専門家と、これを束ねる各専門委員長が、滅私奉公、意気に感じたボランティア精神で全柔連を支えてきた。事務局職員は、まだまだ経費的な制約から質量ともに不足なところはあるが、柔道への情熱を支えに、多様・多忙な日常業務を生真面目に真摯にこなしてきた。専務理事、事務局長、事務局職員と、各専門委員会の委員の間の連携と、微妙にバランスのとれた力関係の上に立って、全柔連の運営体制、事務局体制が維持されてきた。資金力の乏しい中でやりくりしていくための、もっとも効率的・軽装備な組織運営であった。

全柔連が今後ともいい仕事をしていくには、柔道界がこぞって再び大同団結し、力と心をひとつにして再生の努力を続けていくということしか道はない。

＊1　U前会長の組織運営やリーダー論・指導者論については、氏の著書『やりきる』の中に詳しいが、会長としてのこの4年間の仕事ぶりについて、全柔連の職員として日々の仕事に従事しながら身近に感じていたことも多い。その主なものは以下のとおり。

①　世界の柔道は、つかみ投げ柔道、喧嘩柔道、日本式レスリングと揶揄されかねないよ

うな、とんでもない方向に向かいかけていた。U前会長は、ＩＪＦの幹部スタッフと粘り強く議論を重ねていく中で、観戦していても面白い、講道館柔道本来の、ダイナミックで魅力あふれる美しい柔道に戻していくべく、ＩＪＦの審判規定の改定を先決の課題としてこれに取り組んでいた。これは、日本柔道がふたたび世界の主導権を取り戻す道にもつながることでもあった。

② 全柔連が、公益財団法人として仕事をしていくためには、財政基盤の確立が極めて重要であり、これを先決のテーマとしていた。財政基盤がぜい弱で、いつまでも柔道人のボランティア精神だけに頼って運営を続けていくことには限界がある。財政基盤の強化のため、協賛契約の年間契約・複数年契約化への移行、大口契約のスポンサー社の拡大に取り組んでいた。スポンサーを大事にし、神経の擦り切れるようなきめ細かい気配りをしていた。

一方、公的な資金の導入にも積極的に取り組んできた。事務局スタッフにも、制度をよく勉強し可能性のある助成金は積極的に取り入れるように指示が出ていた。もとより公的助成として事務手続きには完璧を期することは当然のことであった。指導者が直接助成金を受給する今回の個人助成金の問題は、この枠組みからは少しはずれたところにあり、全柔連の長い歴史の中で見過ごしてしまっていたブラックボックス的な問題であった。

全柔連には、法人運営等の間接的な部門に使える安定的収入源は登録会員収入しかない。これも長期にわたり漸減傾向が続いている。金が天から降ってくる組織ではない。与えられた資金の範囲内で工夫をしながら、法人運営に充てる費用を最低限に止めていくしかない。U前会長は常に経費節減を指示し、個々の出費についてもシビアであった。

③ U氏は明治大学出身だが、学閥や派閥への関心は薄く、柔道界一丸となって仕事に取り組むというスタンスは一貫していた。このため各専門委員会を中心に、多様・広範な人材が集まっている。これを強力にとりまとめ、ガバナンスにつなげていかねばならないが、これは、全柔連の組織的特性から、極めて難易度の高い、力のいる仕事である。

今回の一連の事案に対して、U氏は最終責任者としての管理・監督の責任を問われた。元来、細部にも気を配る慎重な性質であるが、会長就任後、他に優先して取り組むことが多すぎ、組織のガバナンスに一部、後れをとったということかもしれない。

④ U前会長は、平成21年に会長に就任以来、最初の4年間で試合審判規定の改定等に関するIJF関係の課題と問題に片を付け、強化の面でも世界で戦える日本柔道の方向性に道筋をつけたのち、次は、ロンドン五輪の終了をまって、嘉納師範の教えに基づいた人づくりとしての柔道の再構築に取り組む意欲を示していた。既に柔道指導者の資格制度は4年間の準備期間を経て平成25年度からスタートしたが、ここに魂を吹き込むには、嘉納師範の教えに立ち戻り、これを全柔道人の精神的支柱として植え込むことが必須で、

これがひいては、日本柔道の強化にもつながると考えていた。

＊2　U氏は、氏の著書の中でも述べているように、全柔連の運営にも大変な功績を残してこられ道半ばでお亡くなりになったKN氏を敬愛しており、その精神を踏襲しKN氏のやり残したことをやり遂げるという気持ちをもって、全柔連の仕事にも意欲的に取り組んできた。その結果、本人からみれば青天の霹靂であったようだが、K氏から講道館長・全柔連会長を任されるようになった。

今回もまた青天の霹靂のような事態の中で全柔連会長を辞任することになった。

これからも、これまでどおり運命《さだめ》に逆らうことなく、自己研さんを続けながら自然体で、求められるところに応じて身を処するということになるのだと思う。

7 東大柔道部出身3方の登場

そして広報委員会UN委員長の関係で、MO氏・TI氏が、全柔連騒擾の舞台に上がってこられた。

外部理事のFW氏は今回の新体制について、全柔連の組織として多様性に富む陣容になったと評価しているが、執行部については、いずれも巨大組織の中枢を歩んでこられた方々であり、価値観やものごとを捉える尺度が基本的には同じである。

更に、同じ大学の各々2年違いの柔道部の先輩・後輩では、やはり互いの物言いにも、無遠慮と遠慮がないまぜに出てくる。ことに当たって執行部内で多様性のある議論がなされるとは思えない。

「全柔連の一連の不祥事」について、それまでほとんどその実相に触れることなく、「柔道界の救世主」、「火中のクリを拾う」ともてはやされて登場した3方は、しっかりと地に根をはった、次の柔道界・全柔連の新しい舞台ができるまでの幕間を彩ることになる。

第3章　その他の情報のまとめ

1 不可解な復活人事

(1)

新体制で、YS氏が副会長となり、UN氏が事務局長となった。このふたりは、元々、U前会長の指名理事であり、YS氏が柔道ルネサンス委員会委員長、UN氏が、総務委員会副委員長、広報委員会委員長という、今回の一連の出来事に直接的に関係する重職にあった。しかもふたりは新体制の役員選考チームのメンバーでありながら、自ら新体制においても要の職である副会長、事務局長に就任するという普通では考えられない復活人事がおきた。

＊1　YS氏は、理事会で再三に亘って理事全員辞任論をぶち上げており、YS氏も理事を辞任し側面から新体制に協力していくとの覚悟を決めているものと思った。

再任についても、U会長指名の理事が再任に手を上げないことは当然として、8月14日の理事会では、地区選出の理事に向かって直接に、「言いにくいことを言って申し訳ないが、地区の事情はあろうと思うが、再任は避けていただきたい」との演説までしていた。

ふたを開けてみると、新役員選任チームの一員でもあるYS氏自らが副会長理事に就任することになっていた。

地区選出の再任理事については再度地区で論議して再任されたというフィルターを通っており問題はなく、YS氏が新役員選任チームを代表して8月21日の理事会の席で説明したように、U氏の指名理事ではあったがKG氏・H氏はIJFの役職との関係で全柔連の理事である必要があるということも納得し得る。

しかし、「MO氏に会長を引き受けていただくための条件として、私が副会長として理事に残ることとなった」との説明は理解に苦しむ。理事全員が辞任し一新して出直すという、大向こう受けを狙って自らが打ち出し続けてきた大義を、ご自分の個別事情から一瞬にしてご自分自身で崩壊させた、ということになる。

そのお人柄からか、あるいは国民的英雄・国民栄誉賞の誉れへの遠慮からか、ＹＳ氏の言うこと、やることを、誰もあまり反対はしないが、現場を司る立場で人の上に立つ人としては、深慮が不足していると思った。

２ ＹＳ氏の関わり

⑴

ＹＳ氏は、Ｕ体制を支えてきた理事の中でもっとも重要な一員のひとりである。今回の「全柔連の一連の不祥事」について、仮に執行部にその責任があるとすれば、本来ＹＳ氏は、執行部、Ｙ前強化委員長と並ぶ責任者のひとりである。

暴力的指導問題、指導者個人助成金問題とも強化指導に関わる問題であり、むしろ指導の現場近くにいて他の多くの指導者のリーダー格であった分、その責任は重いかもしれない。その理由は以下のとおり。

⑵

今回の一連の不祥事の発生は、柔道界の倫理・マナーの向上を目的としてＹＳ氏が長年委員長として活動してきた柔道ルネサンス運動が成果をもたらさなかったということでもある。

(3)

また、問題の発端となったA選手への暴力的指導事件は、A選手が東海大学在学中に全柔連強化チーム内で起きていたことであり、A選手は卒業後も東海大学で練習をしており、YS氏はその悩みなどを身近で見聞きできる立場にあった。それにもかかわらず、A選手の暴力的指導問題が全柔連で取り上げられることはなかった。

＊1　A選手への事件が発覚したあと、執行部を中心に対策が進行していた平成24年10月に、暴力問題等への対策も盛り込んだ「倫理規程」の制定が理事会で審議された。しかし、これらの席でST副会長やYS氏から、A選手問題が提起されることはなかった。

＊2　なおYS氏の恩師でもあるST副会長は、暴力的指導に関する第三者委員会による聞き取りで「選手指導のあり方はどうあるべきと思いますか」と問われ、「選手を強くするという観点だけから言えば、『強化に王道なし』で、暴力が良いとも悪いとも言えないと考えています。それは、指導上暴力を行使する指導者の下から強い選手が誕生しているからです。しかし、だからといって、暴力が肯定されて良いかというと、絶対に駄目です。(『第三者委員会による聴き取り調査結果』３ページ)」と発言している。「暴力的指導」に対する微妙な本音と建前が垣間見られる。

(4)

YS氏は、3月18日の理事会で「暴力撲滅プロジェクト」が発足すると、異常なハイテンションでこのプロジェクトに取り組んでいた。盛んに、「柔道界全ての層の方に協力をしてもらわねばならない」と繰り返し、このテーマを通じて柔道界での求心力を高めていきたいという意欲が伝わってきた。

＊1　3月16日の『スポーツ報知』で報道されたST副会長による情報リーク記事でも、「U会長退陣後のワンポイントリリーフでF副会長が就任し、事態が落ち着いたらYS氏が引き継ぐ」という構想が掲載されていた。

(5)

YS氏は、全柔連の遵法精神の欠落が指摘された指導者個人助成金問題についても、受給資格について認定はされたものの、ご自分が、第三者委員会委員長の微妙な線引き判断によりかろうじてシロ判定（特に平成23年度下半期）、他の強化委員が線引き以下の判定でクロであったのではないかという実情を分かっている（はずである）。

また、助成金の使途の問題についても、YS氏も、助成金を受給した指導者63名の中で強化留保金への拠出をした46名のひとりであり、強化留保金への拠出分110万円について目的外の使途としてJSCより返還命令書が出されている。

強化留保金への拠出のみならず、助成金の使途全体についても、実態とは大きく乖離した内容の収支報告書を提出して助成金を受給していたことも自覚しているはずである。

しかも当時（平成19年度以前）からYS氏らのトップ指導者層（YS氏は当時Y委員長の下で強化委員会副委員長）による強化留保金への拠出や、助成金受給のための作成書類（助成活動計画書・資金計画、助成活動報告書・収支報告書など）が先例となって、指導者個人助成金に関する今日に至る全柔連の強化スタッフ全体の悪しき慣行が形成されてきた可能性が高い。

(6)

YS氏はやはり、理事を辞任したままで、「暴力の根絶プロジェクト」に専念することで新体制を支えることに徹すべきであった。YS氏は、知名度による権威や社会的な評価の高さから、「不都合な場面では柔道界評論家となり、前向きな場面には自らの関わりをアピールする」ということが世間に通用してきたため、これが一種の習い性となっているように見える。一方では、その習い性は、他者に利用され易いという懸念にもつながる。

＊1　普通に考えれば、新体制で、柔道界・全柔連の体質の改革・改善をリードする資格はないということになる。それでもやはりYS氏を担ぎ上げるという世間や柔道界の構造・体質が、今後の柔道界の、地に足のついた、真の改革・改善の足を引っ張るようなことにならなければよいがと思う。

(7)

ＹＳ氏について、今回の一連の事案に関し、以上のとおり、思うままに意見を述べさせていただいた。言葉が直截に過ぎご本人に対して失礼の段があれば、筆力の不足に免じてご容赦いただきたい。

また柔道界あるいは社会人としての先輩方におかれては、ＹＳ氏の足りないところを直視し、遠慮なく、躊躇するところなく、意見を伝えていただいた方が良いように思う。

以上、事実経過をまとめる中で、個々の出来事についての印象・意見、組織・個々人についての評価・批判についても、思うところを率直に申し述べさせていただいた。今後の全柔連の運営に、多少なりともいい方向で反映されるところがあればと思う。

II 「暴力的指導問題」の経過（備忘メモ）：なぜここまで社会問題になったかの検証のために

（平成25年4月18日）

「暴力的指導問題」については、平成25年3月12日に発表のあった「柔道女子暴力的指導問題に対する第三者委員会」の報告書の内容と、その後に判明した事実等を踏まえて、4月18日に、「なぜここまでに社会問題になってしまったのか」を検証していくための「備忘メモ」を残していました。

平成25年1月30日に事案がメディアに報道される前の詳細な動きも含まれており、『全柔連の一連の不祥事』に関する記録（資料一覧）」の中の資料1の付1として記録しています。

その内容は以下のとおりです。

これも、文章の形式と内容は基本的には当時の記録に残したものに基づきますが、氏名は匿名アルファベット表示としました。

(1)

平成25年3月16日の15名の選手の代理人の会見で、OM弁護士は「全柔連の人事が云々ではなく、選手はとにかく話を聞いてほしかった」と話している。「暴力的指導問題」そのものは大きく後退している。

(2)

しかし、最初にこの問題が全柔連幹部に通報のあった平成24年9月29日から、12月10日に全柔連がJOCから訴えの文書の写しを受け取るまでの間、全柔連幹部に対して、「15名の選手が、強化の女子ナショナルチームの中で、いわゆる『風通しの悪さ』に苦しんでいる」というような訴えや具体的な働きかけはなかった。

(3)

全柔連執行部に対して訴えがあったのは、9月29日、YG広報委員会副委員長からST副会長に通報のあった、S監督によるA選手への暴力・暴言の訴えであった。そして、全柔連が12月10日にJOCから入手した15名の選手からの訴えの文書には、「女子ナショナルチーム、コーチによる暴力等を含むパワーハラスメントについて」と表題されており、内容は、「S監督からのA選手への暴力・暴言の事実」を前面に押し出した形の、全柔連のナショナルチーム

における暴力・パワハラ問題であった。（第1部〈参考1〉）

＊1　9月29日にYG副委員長からST副会長に、他の女子選手から聞いた話として、電話で、S監督によるA選手に対するパワハラについての報告があった。（「聴き取り調査結果要旨」6ページ）

＊2　A選手は自分への暴力問題の解決をYG副委員長に託したわけではないが、YG副委員長は、周りの選手から聞いた情報に基づき、この暴力問題を全柔連執行部、それもA選手の師匠であるST副会長に伝えた。

＊3　また、YG副委員長は9月29日の時点で、A選手への暴力問題の報告と併せて、ST副会長に対して「S監督の続投はまずいんじゃないですか」とも伝えている。

＊4　ST副会長は10月1日にA選手に事情を聞き、2日に暴行についてメモを作らせた。ST副会長は、東海大学の監督や了徳寺学園の監督にも話を聞き、TコーチがB選手を蹴ったことも知った。（「聴き取り調査結果要旨」6ページ）

＊5　YG副委員長は調査の結果をST副会長から聞き、許されることではないので執行部

で対処する、とのことなので、今後の対応をST副会長に一任した。(「聴き取り調査結果要旨」27ページ)

*6　10月の末、YG副委員長は、世界団体大会での出来事を聞き、U会長とO専務理事に、次期監督もSというのなら、考え直した方がいいと伝えている。

*7　ST副会長は、11月の初めごろ、A選手とYG副委員長から各々、リオの世界団体大会での出来事(S監督、Y委員長の暴言事件)のことを聞いている。(「聴き取り調査結果要旨」7ページ)

*8　S監督は、11月初めのO専務理事との会話を通じて、暴力的な指導に対する真摯な反省をしている。

*9　またST副会長は、9月29日の時も、11月初めの時も、S監督のパワハラ問題について、全柔連の組織として調査をしようとは考えなかった。(「聴き取り調査結果要旨」7ページ)

(4)
10月20日の理事会で執行部からS監督の暴力問題が提示されなかったことについて、第三者委員会より暴力への認識が甘かったと指摘されている。

＊1　執行部以外に、9月29日の時点でS監督のA選手への暴力を知っていたというYS理事からも、理事会で、S監督の暴力問題についての言及はなかった。

(5)
全柔連執行部は、15名の選手が11月11日に訴え文書を作成し、当日の内にJOC女性スポーツ専門部会のYG部会長の手許に届いていることなどまったく知らされないままに、YG副委員長からの、S監督の暴力問題、倫理規程違反問題、それに伴うS監督更迭要求の訴えに対応すべく、S監督とA選手の将来のことも慮りながら、懸命に、問題の収束を図ろうとしてきた。

＊1　YG副委員長は、15名の選手の訴えは、監督やコーチが選手に暴行をするような状況に陥ってしまったのは何故なのか、そこに体制やシステムの問題がないのかを調査して欲しいという気持ちだと思うと述べている。（「聴き取り調査結果要旨」26ページ）

ただ訴えの書面を読む限りでは、「暴力・パワハラの撲滅」についての訴えはあるが、体制やシステムの問題への取り組みまでは触れられていない。

＊2　また、この時、YG副委員長はST副会長に対し、単にS監督の暴力問題ではなく他にも問題がある、他の選手にも話を聞いてもらいたいと要請したが、ST副会長は聞き入れなかった。YG副委員長は、「選手はこのため、やむを得ずJOCへ訴えた」と述べている。

⑹

11月11日から、12月10日に全柔連に訴えの文書の写しが届くまでの間、あるいは、JOC幹部に、この文書が提出されたという12月4日までの間は、この文書は、提出の宛先である、JOC女性スポーツ専門部会に預かりとなっていた。

＊1　ST副会長は、11月28日に、A選手から、「S監督とのことは、吹っ切れました」と聞き、ふたりが和解したと思い、そのことをYG副委員長にも伝えている。（「聴き取り調査結果要旨」7ページ）

⑺

JOC理事であり、JOCの女性スポーツ専門部会長でもあるYG副委員長が、11月11日に15名の選手がJOCへ文書を提出した段階で、15名の選手の切実な、生の訴えを全柔連執行部に伝えておくことができておれば、目指す方向は同じであるはずの全柔連執行部と15名の選手が、交錯することのない異なる次元におかれて共にもがき苦しむ、という不幸な状況は避けることができたと思われる。

(8)
15名の選手からの訴えを知った全柔連は、12月10日以降、15名の選手およびこの意向を受けたＪＯＣの要望もあって、選手サイドとの接触を断たれた状態の中で、「倫理規程」に定める「倫理規程抵触可能性事案」として対応してきた。

(9)
訴えの文書で指摘のあった暴力・パワハラ事例は、ほとんどがA選手に関わるものであり、当然、A選手も15名の中に入っており、改めて、他の暴力・パワハラ事件と併せて訴えがあったものとして対応したが、実は、A選手は、この15名の中に入っていなかった。このことは、第三者委員会の調査によりその事実が判明する３月までは、誰も知らなかった。

(10)
そして、９月29日の通報から始まった「女子ナショナルチームにおける暴力・パワハラ問題」の、ひとつの区切りとして、平成25年1月19日に、全柔連は、この時点でできる限りのすべての対応を終え、指導者、選手にも各々経過を説明した。その結果をＪＯＣにも報告し、全国都道府県柔道連盟に対して体罰・暴力等根絶についての通知文書を発した。（第１部〈参考2〉・〈参考３〉）

⑾

その後、ＪＯＣからも女性スポーツ専門部会からも何の連絡もないまま、1月29日の夜、記者からのＪＯＣへの取材により、15名の女子選手がＪＯＣに訴えをしていたことがメディアに明らかになった。

その日の深夜から翌日にかけて一斉に報道をされたが、桜宮高校の体罰自殺問題も背景となり、この報道を口火に、大きな社会問題に発展する端緒となった。

第三者委員会の指摘するとおり、全柔連の広報が機能しなかったことも問題を大きくし、隠蔽体質があると指弾されることにつながった。

＊1　全柔連の執行部は、このA選手への暴力的指導の問題を深刻に受け止め、二度に亘り、真摯に、丁寧に対応してきた。しかしYG副委員長は、その対応結果がどうしても気に入らなかったらしく、それまでの全柔連執行部の努力をちゃぶ台返しした。

⑿

S監督の暴力行為そのものは、全柔連としても調査の結果を経て十分に認識していることであり、1月30日に、専務理事と会長が、午前、午後に亘って各々記者会見し、暴力行為のあったことについて謝罪した。

⒀

また、S監督も、既に11月の初めの段階で暴力的指導の誤りに気づき、深く反省し、新たな気持ちで指導に取り組もうとしていたが、メディア等で改めて暴力行為があったことを追及され、1月31日に、辞意を表明した。

⒁

さらに、2月4日には、代理人を通じて、15名の選手の声明文が発表され、その中で、Y強化担当理事が名指しで非難を受け、翌日、強化の最終責任者として、理事を辞任した。

＊1　またST副会長は、15名の選手が訴えをしたのはY強化担当理事とS監督の更迭を求める気持ちが強かったからであり、2月4日の声明での、全柔連の組織体制の問題点指摘は後付けの理由であろうとの見解を述べている。（「聴き取り調査結果要旨」7〜8ページ）

(15)
2月5日の臨時理事会で、外部有識者を中心とした第三者委員会の設置が決定され、2月12日のプレミーティングを皮切りに、調査、検討が始まり、一部の女子選手からの聞き取りも行われ、今回の問題についての全貌が明らかとなった。

(16)
また第三者委員会より全柔連としての情報公開の不備も指摘された。広報委員会の副委員長でもあるYG氏から、JOCサイドの動きとあわせて、全柔連の広報が適切になされるようにアドバイスなどがあれば、このような、一方的に、全柔連の暴力体質が問題にされ、イメージを、実態以上に落としてしまうという事態も避けえたと思われる。

(17)
JOCおよび全柔連の第三者委員会の調査により、女子ナショナルチームコーチにおける暴力・暴言については、S監督のA選手に対するものとTコーチのB選手に対するものが認定できるが、他のコーチについては、暴力はなかったことが判明した。

⒅

メディアを通じて流布されている今回の暴力問題と、その後の調査で明らかになった暴力の実態との間には乖離がある。メディアの間で、「柔道界は、嘉納師範の柔道精神を忘れてしまい、S監督の暴力は、柔道界の根強い暴力容認体質を背景にしている」という柔道界にとっては極めて不名誉な結論が広く喧伝されるのを許してしまった。

＊1　YG氏は、S監督によるA選手への暴力的指導問題を、メディアを活用しながら社会問題化していくことで、今日に至る全柔連改革への道筋をつけたという点で高い評価を得ている。しかし、その手法により、この間に柔道界が失ってしまった信用と信頼、全柔連が蒙った経済的な損失も、極めて大きい。

⒆

その後、3月16日の『スポーツ報知』に、「U会長に辞任勧告、執行部会で意見一致」という記事が、一面トップで報道された。これは、3月14日の同紙の一面トップに「全柔連、今度は裏金疑惑」の報道があり、U会長がこの対応のため日本スポーツ振興センターに事情説明に行って不在であったときに、「ST副会長、F副会長とO専務理事の3人が、専門委員長会議の後、執行部会を開き、U会長への辞任勧告で意見が一致した」という記事である。

⒇
この報道に関する事実関係は、3月18日の理事会で明らかになったように、ST副会長が、会長不在の執行部会のあとで、F副会長とO専務理事に各々電話をし、「U会長に辞任を勧告したい。YS理事が後任の会長、暫定的にF副会長に会長になってもらいたい」との電話を掛けたということである。F副会長、O専務理事とも、まったくこれに同調していない。

(21)
状況からして、この情報の外への出所がST副会長であるということは明らかである。未曾有の危機にある柔道界にあって、メディアに勝手に誤った人事情報を流し、全柔連を混乱に陥れるような、このST副会長の行動は、定款第26条第3項に定められた「副会長は会長を補佐する」という役割とは真反対の行動である。

(22)
さらにST副会長は、3月17日にはマスコミ各社に対し、「18日の執行部会で会長辞任を求める」「執行部全員辞任だ」「会長の解任を理事会や評議員会に提案することも考える」などと情報を流し、この発言が各紙に掲載された。これは、メディアの関心を更に高め、18日の理事会に、これまでにない数の報道関係者が押し寄せる事態を招いた。

⒇
そして、３月22日、23日と続けて、同じく『スポーツ報知』の一面トップで、「全柔連理事助成金不正受給疑惑」、「全柔連助成金１億５千万円打ち切り」という記事も掲載された。

Ⅲ　理事会での監事団による報告の内容：「全柔連一連の不祥事について（執行部らの責任の考察）」（平成25年8月21日）

「全柔連の一連の不祥事」事件は、全柔連から平成25年8月30日に内閣府に対して「勧告に係る措置状況報告書」を提出し、一応の終息を迎えました。

この「報告書」の中で、監事団が8月21日の理事会において執行部・理事会・監事の責任について報告し、これに沿って各機関についての措置がなされたことが述べられています。

全柔連の内部事情に疎い人々が、にわか柔道界評論家となって一般論・建前論でメディアを通じて様々な意見を発信し、また、多くの関係者が各々の立場で様々な情報に翻弄され、時に感情的になりながら右往左往、右顧左眄しがちな中で、監事団は、終始客観的な視点から事態の推移を冷静に見守ってきたように思います。

監事団は理事会において、「全柔連一連の不祥事について（執行部らの責任の考察）」として、以下のとおり報告をしています。

1 女子選手に対する監督・コーチらによる暴力行為の問題

本件については当初、本連盟広報委員会副委員長から、当該女子選手に対する監督による暴力事件として、全柔連執行部に対して通報がもたらされたものである。

執行部はその時点で、この事案を、当該女子選手に関する殴る蹴る等の物理的な暴力行為の問題として捉え、個別的・局地的な事案としての対応に終始した。そして、特定の加害者から特定の被害者に対する謝罪、並びに被害選手からの個別的な宥恕という手順による処理をもって解決したものとして処理していた。

この問題の発覚によって、当時女子選手への指導現場において、指導者側からの暴力的な指導が存在すること、そして指導現場ではそのような指導方法が誤りであることについての厳しい認識が欠如していることが、全柔連執行部において改めて認識されるところとなった。

暴力的指導が許されないものであることは執行部も十分認識し、これに対して個々には指導等はなされたものの、全柔連・柔道界全体における組織・体質問題として捉える視点を欠いていた。

またこの問題の本質は、特定の選手に対する特定指導者による身体的な暴力行為の問題だけではなく、女子ナショナルチームの中で複数の女子選手がコーチ陣による精神的な暴力やパワハラ行為に苦しんでいたという問題であったのであり、このことは、その後女子選手がメディア等に訴えることで、ようやく初めて組織としての全柔連において認識するところとなった。

これら一連の不適切な行為が、絶対に許されないものであることは、被害者である女子選手達のおかれていた弱い立場を考えると十分に理解できるものであるが、その後において全柔連からの被害当事者に対する調査等の為の面談の申し入れが全て拒絶されてしまったために当該女子選手側からの直接の事情聴取の機会を持つことが出来なかった。このことが、全柔連執行部側の正しい認識と対応の遅れが増幅することに繋がり、女子選手による外部への直接アピールという結果を生むこととなり、本件の解明と解決がより困難な方向へと拡大することとなったことは残念なことであった。

２ ＪＳＣ助成金の問題

ＪＳＣからの助成金問題発生原因の重要なものとして、まず「強化留保金」の問題については、その後の報道等の情報によっても柔道界以外の多くの体育分野でも類似の側面があるものと思料するが、柔道界においては、柔道人の強い共同体意識が背景にあり、また本件の助成金が指導者個人助成金であるという特性等から、全柔連の幹部・指導者が公金としての助成金であることについての認識が欠落していた。このため、第三者委員会により助成金の目的外の使途と判断されることとなった「強化留保金への拠出」という事態が生じたといえる。

さらに、本件助成金が従来の強化スタッフ互助会的な資金としての枠を超えた金額に膨らんでいたにもかかわらず、社会通念に照らし、その管理が極めて杜撰であったことも重ねて問題であった。

受給資格を認められない者が多く出た問題については、２０１０年の世界選手権東京大会の後、指導者個人助成金受給者枠数が大幅に拡大したことがその背景にあったものと見られるが、強化委員会が、指導者個人助成金制度の趣旨を十分に把握することなしに助成金受給対象候補者を人選してしまったために、第三者委員会により助成金を受けた一部の者について不適切な受給者と認定される指導者を出すことになってしまった。

これらにより、第三者委員会が調査対象とした6年間の累計の指導者個人助成金受給者63人の内の50名（不適切受給27名、不適切使途のみ23名）に対しＪＳＣより助成金の返還命令が発せられるという事態に至ってしまった。

③暴力問題に関する理事らの責任　――前述①について

本件のような暴力・パワハラ行為の存在は、当初執行部においては現実には認識されていなかったものとみられる。身体的な暴力の存在を知った執行部は、直ちに前述のとおり当事者に対して注意し、被害者に対して謝罪等を行わせている。

しかし、この段階においても執行部はこのような事実を局地的かつ一時的なものとしてしか把握しなかったために、被害者側の怒りが増大して、外部への公表へと繋がっていったものと考えられる。そうだとすれば、本件の問題に関する執行部の認識は不十分であり、その行動は緩慢であったと言わざるを得ない。

また、最初の暴力的指導事件は、本連盟の理事の所属先に関わる選手であり、かつ事件が発覚した後であったにもかかわらず、その後の理事会（平成24年10月）において当該の暴力問題が論議されることもなく、その後事態を拡大・悪化させたことについて、理事会の責任も免れないところである。

なおその後においては、暴力的指導に関する第三者委員会の提言を受けて、全柔連全体を挙げて暴力絶滅プロジェクトを迅速に立ち上げるなど、執行部・理事会とともに、後追いながら適切に対応していることは評価することができる。

４ 金銭問題に関する理事らの責任 ——前述２について

事実発覚後における事後的な観察からみて総括的に言えば、助成金受給資格問題については、助成対象者の数が急増した時点で、執行部および事務局は、従来の慣行や実情にかかわらず、事実の確認をするとともに改めて助成金の本来の目的に思いを致しその問題点とそれに関して発生する可能性の有るリスクに気付き、その防止策をとるべきであった。助成対象指導者に対しても指導等をなすべきであったと言わざるを得ず、それを怠った責任は重い。

ただ、助成金の受給対象者を選定した強化委員長やこれを受給した指導者についても、当該の指導者等はいずれも柔道界をリードしていく枢要な地位を占める柔道人であり、全柔連の遵法精神を厳しく問われている状況にあっては、全柔連の一員として、これら不適切な受給・使用に直接的に関わった者としての責任も免れ得ない。

全柔連に振り込まれる通常の助成金（大半を占める）は年1回、公認会計士の監査を受け、決算報告として理事会に報告されている。また、年1回頻度で助成金審査委員会を開催し抽出法ながら申請事務の適格性審査を行ってきている。

そのため、この事務は順調に流れており、先般５月末に実施されたＪＳＣの訪問調査を受けた際にも問題なしと評価された。

これに対し、今回問題となっている指導者個人助成金は、申請した個人に対してＪＳＣから直接振り込まれる制度であるため、全柔連の会計には関係なしということで、慣習的に執行部ないし強化委員会は、その内容につき理事会および審査委員会には何ら報告をしていなかった。

この意味からは理事会に責任はないとも言えるが、他方理事の中には強化委員会の情報に接し易い理事もおり、早期に問題提起し得る立場にあったことからすると、この不作為についての責任なしとまでは言い切れまい。

「強化留保金」の問題については、第三者委員会から指摘を受けたような不適切な管理実態に至ったことについて、金銭の管理を担当していた強化委員長の責任が最も大きいが、強化スタッフの間での問題であるとはいえ、その原資のほとんどが助成金から拠出されていた資金であることから、このような状態に至るまで気がつかず、結果として、不適切な管理実態を招いたという意味で、執行部・事務局の責任も免れないところである。

また、「強化留保金」は、個人に対するＪＳＣからの助成金を強化スタッフ間で互助会的に集めて活用していたもので、理事会においても、強化委員等に就任したことのある理事以外は全くその存在を知り得なかったものである。従って、執行部および強化委員会関係以外の理事には、強化留保金の拠出や管理に関しては、直接の責任は無いと言える。

５ 各方面からの意見等に対する考察 ――全柔連の現実的な運営の必要性

先の暴力問題や助成金問題等が連続して発生したことを受けて、執行部（会長、副会長、専務理事等）に対し、現時点まで、理事会や評議員会が、役職の解職、あるいは理事職の解任決議等のしかるべき処分をしていない旨の批判がある。

確かにこの点に関する一般論としては、理事会、評議員会は全柔連執行機関に対する監督機関として、あるべき責任追及を適切な時期にすべきであったとはいえよう。

しかし、これまで、かかる処断をしてこなかったことについては以下の個別的、具体的事情があったものと考えられる。

① 暴力問題発覚を受けて、ＫＭ氏を委員長として５人の第三者委員会が組織され、約１カ月間に亘り、調査がなされ、本年３月12日において同委員長の報告書が提出された。この

第三者委員会の報告書には、事案の経緯、責任の所在が詳しく記載されているが、最後に組織改革についての提案が数多くなされ、早急に全柔連の組織、機構等を全面的に改革するよう強い要請がなされている。

この第三者委員会の提言内容を仔細に見ると数多くの機構改革を迅速に実行すべきとの要請がなされている。全柔連執行部としてはこの要請に応えようとするならば、その時点で同執行部がすぐにでも辞任するとか、あるいは評議員会が執行部、理事を解任するようなことは、実務上現実的にみて適切なこととは考えられない状況にあったはずである。執行部の意識としても実務の責任を全面的に負っている以上、そのようなことは念頭に全くなかったものと言えよう。当時の執行部としては、第三者委員会から示された機構改革等の様々な課題を迅速に実行してゆく他ないものと切羽詰まった状態にあったと推測される。現実に、指摘された多くの諸改革に関し、本年10月までのロードマップ等も綿密に作成し、直ちにその実行に着手し、その後現在に至るまでそれらの提示された機構に関する諸改革を粛々と実行してきていたのである。執行部としては、それらの各課題について一応の改革の目処がつく予定の本年10月を以て退陣したいと考えていたものであって、それ自体、執行部の在り方として、居座りと言われるような悪質ないしは不当と言うべきものではない。

② また、助成金問題についても平成25年3月22日に外部より報道がなされてから、新たな第三者委員会が組織され、同委員会による全柔連内部の調査が実施され、その後、本年4月26日に中間報告書が、そして本年6月21日に最終報告書が提出されるに至っている。この間においては、執行部も関係資料の提供、関係者の聴取に応ずる等、第三者委員会に全面的に協力する義務があり、その対応に忙殺されていたという事情もあったのである。更には第三者委員会により不適切と認定された助成金のスポーツ振興センターに対する返還問題等もあった。即ち、同委員会は問題があった金額を6055万円と評価し、全柔連の組織としてのガバナンスの問題として、全柔連の責任を認めている。第三者委員会よりかかる責任を指摘された執行部としては、この返還処理の問題も早急に解決すべき客観的状況にあったことも事実である。かかる状況からすれば、その解決の前に評議員会が執行部、理事を解任したり、あるいは執行部自らが辞任するようなことは全柔連を取り巻く前述した諸々の作業を早急に実施すべき多くの課題が存在したことから見て、現実問題としてむしろ適切なことではなかったと思料される。

③ 以上のように、暴力問題を契機として当初の第三者委員会が提示した膨大な諸改革に関する立案や実行の必要性、さらに、助成金問題に関する後の第三者委員会に対する全面的調査協力、認定された助成金の返還問題等の迅速かつ適格な処理等々の極めて強い法的か

つ社会的要請があった。このように全柔連の各監督機関（理事会、評議員会）側の当時の事情としては、執行部の辞任、解任の議論をする時間的、精神的余裕がなかったということも推測され、仮にそのような議論をしたとしても当時の執行部が第三者委員会の各指摘に誠実に対応しなければならない義務に鑑みれば、執行部としては第三者委員会の指摘した事項を完遂すべく、その任務を継続すべきであるとの結論に至ったものと考えられる。仮に執行部が辞任し、又は解任された場合、新執行部が前述諸問題に迅速に対応しなければならないところ、新執行部選任等の手続上の困難性及びこれまでの経緯や事情の全くわからない新執行部、新理事らが、前述のような複雑かつ膨大な残務を新たに処理しなければならない困難性を推測すれば、十分に理解できるところといえる。前述の個別的実情等を併せて鑑みれば、執行部のこのような対応については組織運営上、特別に批難されるべきものではないと考えられる。

④　また、本年7月30日の評議員会では、執行部及び理事に対する責任追及のため、一部の評議員から解任議案が提出されたが、結果的に、この解任議案は否決されるに至った。これは、一つには、執行部全員ないし理事が解任されれば、定款上（第28条4項）、次の執行部選任までの間、執行部が不在という異常事態となり、法人の運営自体が機能不全に陥ることは歴然としたことである。また前述の暴力問題を契機とした諸改革や助成金処理問

題についても相当期間、中断されることが十分に予期できたという事情等があったことから、合理的な推測としては、かかる非常事態を回避せんとした評議員の考えが存在したものと考えられるところである。

更には、前述のとおり当時現実に諸改革が鋭意推進されていた状況下において、既に執行部は来る10月には暴力問題に関する第三者委員会提示の諸改革に目処をつけて退陣する旨明言していたのであり、それをあえてそのわずか3カ月前に解任により退陣させて、組織運営上、より深い混迷状況に陥らせるべきではないという一応の合理的考えもあったものと推論される。

⑤ 他方、評議員会としても、執行部や理事が十分にその機能を発揮してこなかったことについては、おそらく非常に多くの者がそのような共通認識を有しており、現に執行部に対しては、解任に賛同する評議員も相当数に上った。しかし、結局解任動議が否決されたのは、前述したように、執行部不在による組織運営上の機能不全の回避、暴力問題を端に発する第三者委員会が強く要請した諸改革を10月まで間断なく現執行部によって進めさせること、助成金問題に関する後の第三者委員会が示した最終報告書に基づく助成金の返還処理等を中断なく遂行してゆくことをより重要視して当該解任動議を結局、否決したものと推測される。

⑥　以上のとおり、一般論としては、全柔連の各機関が執行部に対する責任追及をより明確に示す必要があったとは言いうるものの、縷々前述したような具体的な組織運営上の諸事情の中で、やむを得ずかかる具体的な処分をしなかったことについては、一定の合理的な理由も認められ、この点、直ちに前述各機関に重大な怠慢行為があったと評価することは出来ないものと考えられる。

（参考１）

「全日本柔道連盟女子ナショナルチーム国際強化選手15名」から「日本オリンピック委員会女性スポーツ専門部会」への訴えの内容

（平成24年11月11日）

■全日本柔道連盟女子ナショナルチーム、コーチによる暴力行為を含むパワーハラスメントについて

私達は、全柔連女子ナショナルチームにおける活動（合宿、大会）において、選手へのコーチ陣による暴力、暴言、脅しに怯え、苦しんできた。これらの行為が行き過ぎたものであることは認識していたものの、オリンピックを目指す中で選手選考への大きな影響力を持つコーチ

陣に対して抵抗することもできずに受け入れてきた。

ロンドン五輪が終わり、新体制が人選されていく過程の中で、選手からの告発（9月下旬）によってコーチ陣のパワーハラスメントが上層部に知れることとなった。しかしながら、事実が明らかになった後も連盟は第三者による調査委員会を立ち上げることもなく、適切な手順による調査、対応、処置が行われていない。11月5日にはリオデジャネイロ五輪に向けてコーチ陣全員の留任も発表された。

全柔連は公益財団法人への移行に伴い、倫理規定（禁止行為）第4条⑶で指導的立場を利用した不適切な行為について言及しているが、これらの行為が発生した場合の具体的な窓口は設けられておらず、訴えたとしても情報は上に筒抜けで二次被害を生んでいるのが現状である。今なお多くの選手が不安を抱え、怯えている。ＪＯＣ女性スポーツ専門部会は、女性のスポーツ環境の整備向上に寄与していく部会であると思われるので、このたびの事件について取り上げていただき、連盟に対して強い指導をいただきたくお願いしたい。

私達は、オリンピック、世界大会を目指して日々精進し、応援していただける方々の期待に応えるような選手になりたいと頑張ってきた。しかしながら、結果以上に大事なことは、暴力や脅しにさらされるのではなく、自発的な意欲を持って、競技力の向上、人間力の向上を求めることであり、いかなるスポーツ現場であってもそういった環境が担保されるべきであるとも考えている。女子スポーツの競技力が向上し活躍が増える一方で、暴力やハラスメント等の問題が置き去りにされてしまっているのではないか。

スポーツ基本法にも、「スポーツを行う者の権利利益の保護」が明文化されている。これを機に女性スポーツ専門部会を中心に、ＪＯＣ、各競技団体が暴力やハラスメント撲滅に向けて取り組まれることを切にお願い申し上げる。

最後に、訴えた選手の多くは現役選手として世界選手権、オリンピックを目指している。今回の訴えが、今後の競技の妨げにならないよう選手名の取り扱いには格別の配慮をお願いする。


（暴行、暴言、脅しを含むパワーハラスメントの詳細）……（中略）
＊「暴行、暴言、脅し行為を含むパワーハラスメントの詳細」は17項目。内訳は、暴行事案6件（1．2．3．4．5．11．）、暴言・脅し事案が8件（6．7．8．9．10．12．13．14．）、その他の意見や感想が3件（15．16．17．）。
＊暴行事案6件は全てＳ監督によるＡ選手に対するもの（後日の各機関等での調査で判明）。
（選手達の話し合いでのまとめ：２０１２年11月11日）……（中略）

（ここに至るまでの時系列での経緯〈伝聞を含む〉）……（中略）

（連盟に対する要望）

①事実関係を全柔連で調査し、処分を含めた適切な処置をし、選手全員に報告すること。

②事実関係の調査は、全柔連外の第三者とする。

③調査は迅速に進め、年内の解決を強く望む。

④今後、このような事件があった時に訴えられる独立した機関や委員会を設置する。

（訴えに賛同した選手）……（氏名は全て墨消し）

＊後日判明したが、A選手は15名の中には名を連ねていない。

（参考2）

全柔連からJOCへの報告の内容：「女子ナショナルチームパワーハラスメント問題」への対応結果について（平成25年1月23日）

1 昨年12月21日に報告のとおり、本年1月14日に、本連盟総務委員会倫理推進部会にて、本事案に関わると思われる女子ナショナルチーム監督・コーチに対し、事実関係を確認すべくヒヤリングを行った。聞き取り者は、同部会のG部会長（総務委員会副委員長）、

ＯＳ部会員（総務委員会委員・弁護士）の２名、聞き取り対象者はＳ監督、Ｔ・Ｄの両コーチの３名。

② 平成24年11月11日付の文書で指摘のあったパワーハラスメント事案の大部分は、Ｓ監督の関わる事案であったが、本事案に至る経緯や理由について各々弁明はあったものの、事実関係そのものについては概ね認めるところであった（添付資料(1)「平成25年1月14日聞き取りの結果報告書」参照）。

今は、その指導方法に、間違いや行きすぎのあったことをよく認識しており、一部の選手に精神的な苦痛を与えてしまったことを深く反省していた。ここに至った事態を重く受けとめ今後の指導に活かしていきたいとのことであった。

③ これを受けて、1月15日に倫理推進部会を開催した。

その結果、

(1) 本連盟としては、コーチ陣が強化チームの指導に熱心であったことは認めるものの、その指導方法についての基本的な考え方、実際に行ったことについては、問題のある言動であったことを改めて確認し、厳正に対処することとした。

(2) 具体的には、

①前強化体制における関係の指導者6名への処分（文書による戒告）を行う、

②本連盟執行部として、現在の女子ナショナルチームの指導者全員に対し、今後の選

手指導のあり方について指導と、倫理規程に抵触する可能性のあるような事案の再発防止を命ずる、

③今回の書面を提出した15名に対しては、本書面に記載された「連盟に対する要望」の①に従い報告を行うこととするが、人名を特定できないため、本連盟として、現在の女子ナショナルチームの選手全員を対象に経過の報告と謝罪を行う、

④すでに強化委員会として新たに、女子強化選手の練習環境や進路などの相談に応じる「女子柔道強化支援ステーション」を設置していることを、JOCにも報告する、

ということを決定した。

4 執行部も、以上の倫理推進部会での検討・上申を受けて、これに沿い、1月19日、女子ナショナルチームが強化合宿で集合している場において、O専務理事より、強化委員長も同席のもと、女子ナショナルチームの指導者全員に対して、経過の報告と指導、再発防止の命令を行った。（その内容は、添付資料⑵の「女子ナショナルチーム指導者への指導・命令の内容〈骨子〉」のとおり）

5 また、同日、O専務理事より、合宿に参加の女子ナショナルチームの選手全員に対して、経過の報告と謝罪を行い、今後の対応について説明した。（その内容は、添付資料⑶の「女子ナショナルチーム選手への報告内容〈骨子〉」のとおり）

■添付資料

■「添付資料(3)　女子ナショナルチーム選手への報告内容（骨子）」の内容

1　昨年12月10日に、JOCより本連盟に対し、JOC宛てに、女子ナショナルチーム国際強化選手15名から、暴力行為を含むパワーハラスメントについての訴えがあったので、全柔連で対応していただきたいとの連絡があった。

2　全柔連では、昨年10月倫理規程を定め、12月3日に、倫理規程に抵触している可能性のある事案への対応についての手続きを定めていたので、これに沿って12月21日に倫理推進部会を開いた。ここで、年明けの1月14日に、事実関係を確認するために、倫理推進部会として、弁護士にも入ってもらい、関係の指導者に対する聞き取り調査を行うことにした。

3　聞き取り調査の結果、訴えのあった暴言・暴力は概ね事実であり、通常の指導の範囲を逸脱した指導・行動が行われていたことが判明した。いずれの行為も、勝ちたい、勝たせたいとの思いが強すぎて限度を超えた言動であったとしても、決して許されるようなものではない。

④この聞き取り結果を踏まえて、再び倫理推進部会を開き、関係者の処分と今後の対応を審議し、全柔連執行部としては、この事実を重く受け止め、関係の指導者に対して、「今後同じ過ちを犯した場合は厳罰に処す」という趣旨の文言を付して、文書により戒告の処分を行った。

⑤また、指導者全体への対応として、女子ナショナルチームの監督・コーチを招集し、今後の、強化・指導のあり方についての再確認を指示した。「倫理に関する基本方針」「倫理規程」などを配布し、内容を熟読し十分に理解、認識するように指導した。そして、どのような理由や言い分があるにせよ、これらに抵触するような言動を絶対にとらないように、十分に注意して指導に当たるように命じた。

⑥また、今日、皆さんへの説明の場を設定した。選手の皆さんの中に、行き過ぎた行為により心を痛めていたことがあったことを、深くお詫びする。二度とこのようなことが起こらないことを約束させていただく。

⑦万が一にも再びこのようなことが起きた場合には直ちに通報して欲しい。全柔連事務局内に倫理推進室を設置しており、倫理規程に抵触するような事案の受付窓口としている。また、強化委員会にも、「女子柔道強化選手支援ステーション」が新たに設置された。柔道に取り組む環境のこと、進路のことなど様々な悩みの相談に活用してほしい。

⑧ナショナルチームは世界一を狙う集団である。それがゆえに、練習に取り組む気概や姿勢はもとより、日常生活面も含めて様々な厳しさが求められることも事実である。それぞれの目標に向かって努力・精進し、栄光を摑み取るのは選手の皆さん自身である。そのために全柔連としても、できる限りのサポートをしていく。

⑨最後に、重ねて、今回の件については、皆さんの中に、心労をおかけすることがあったことを、本連盟としても大変に申し訳ないと思っていることを申し上げたい。今後とも、もし問題になるようなことがあった場合は、全柔連として、誠意をもって取り組んでいくつもりである。皆さんも、今後とも前向きに、次の目標に向かって一致団結、頑張ってほしい。

（参考3）全柔連から都道府県柔道連盟・協会への暴力等根絶通知文書の内容（平成25年1月28日）

■柔道指導における体罰・暴力等の根絶について（通知）

新聞等でご存知のとおり、学校の課外活動における体罰等の問題が社会問題化しております。

本連盟の上部団体である公益財団法人日本オリンピック委員会および公益財団法人日本体育協会も、この問題を憂慮しており、競技指導に当たってスポーツ指導者にふさわしい行動をとるように、との通知がきております。

上部団体に指摘されるまでもなく、柔道は元来、稽古を通じて「精力善用・自他共栄」の精神を実践することがその修行の本旨であり、相手を尊重し、安全への配慮や思いやりを持った行動をしていくことを、最も重んずる競技です。

しかし残念ながら、一連の学校等における体罰問題等が報道される中で、柔道についても、一部の指導者の中で、人間の尊厳を軽視したような指導方法がとられているということも報道されており、誠に残念で、誠に遺憾なことです。

本連盟は、柔道の精神そのものがよるべき倫理でもあるため、長らく倫理規程等は制定しておりませんでした。しかし社会情勢が変化していく中で、本連盟としても昨年10月に、「倫理に関する基本方針」および「倫理規程」を制定しました。これをもとに現在、柔道指導者における倫理意識の向上についての啓発活動に取り組んでいるところです。

「倫理に関する基本方針」および「倫理規程」については、理事会決定事項のご連絡として、各連盟（協会）会長にご送付しております。

規程が明確に定められた以上、今後は、規程に抵触する可能性のある事案が発生した場合は、これに沿って厳正に対処していくことになります。

貴連盟（協会）傘下の柔道指導者に対しても、体罰・暴力等の根絶、倫理規程の遵守について、ご指導をいただきますよう、ご通知申し上げます。

（別表）「全柔連騒擾の1年」の主な動き（時系列）

		主な出来事
2012年	9月29日	YG氏よりST副会長にS監督によるA選手への暴力問題通報
	10月20日	全柔連理事会（24年度第2回）（「倫理規程」を制定）
	11月5日	リオに向けての強化新体制を発表（S女子監督は留任）
	11月11日	15人の女子選手がJOCへの訴えの文書を作成
	11月28日	全柔連執行部にて「S監督によるA選手への暴力的指導問題」収束
	12月10日	全柔連執行部が15人の訴えの文書（暴力・パワハラ問題）をJOCから受け取り対応を検討開始（15人からJOCへの告発は12月4日）
	12月27日	US被告に懲役5年の求刑報道

2013年	
1月8日	桜宮高校体罰自殺事件報道
1月19日	全柔連執行部にて、ナショナルチーム指導者、選手全員に各々経過を説明
1月23日	全柔連内にて「女子ナショナルチームでの暴力・パワハラ問題」収束。JOCに書面にて結果報告（1月23日付）
	藤村学園柔道部の体罰報道
1月28日	全柔連が都道府県柔道連盟・協会に「暴力等根絶」の通知文書送付
1月29日	共同通信が15人告発の事実を配信
1月30日	各紙が15人告発を一斉報道
1月31日	S監督辞任表明
2月2日	US被告に一審判決報道
2月5日	各紙が15人の女子選手の声明文を報道
	全柔連Y強化担当理事辞任
	全柔連理事会（24年度第1回臨時）（暴力的指導問題第三者委員会の設置を決定）
2月7日	YG氏『朝日新聞』「インタビュー」（15人の告発）記事報道

2月13日	第三者委員会協議開始
2月26日	各紙が「15人の女子選手第三者委員会からの聴取拒否」を報道
3月12日	第三者委員会報告
	全柔連会長記者会見（改革・改善推進の取組み意欲を表明）
3月14日	「裏金疑惑」報道（『スポーツ報知』）
3月15日	各紙が「裏金疑惑」を一斉報道
3月16日	「執行部が全柔連会長に辞任勧告」報道（『スポーツ報知』）＊これは誤報
	15人の代理人弁護士が記者会見「選手は、とにかく話を聞いて欲しかった」
3月17日	各紙が全柔連会長辞任問題を一斉報道
3月18日	全柔連理事会（24年度第3回）（第三者委員会報告への対応）
3月22日	「助成金不正受給疑惑」報道（『スポーツ報知』）
3月23日	「助成金不正受給疑惑」を各紙が一斉報道
3月25日	「助成金問題に関する第三者委員会」のプレミーティング
3月26日	全柔連理事会（24年度第2回臨時）（「改革・改善実行プロジェクト」設置、助成金問題の第三者委員会設置）

	全柔連評議員会（24年度第2回：次年度予算等報告のための定期開催の評議員会）
	第三者委員会が協議開始
4月17日	第三者委員会が全柔連会長にヒヤリング
4月26日	第三者委員会中間報告
	全柔連会長記者会見
4月27日	全柔連理事会（25年度第1回）（第三者委員会中間報告への対応）
	全柔連会長記者会見（6月定例理事会での進退表明を示唆）
5月2日	内閣府より全柔連に対し一連の事案についての報告書提出要求（提出期限5月30日）
5月14日	第三者委員会に「事務局職員から事務局長に提出された上申書」の内容を連絡
5月24日	女性柔道家MG氏の公開の場で発言を受けFD理事のセクハラ報道
5月28日	第三者委員会に、全柔連事務局長から「意見と要望」を提出
5月30日	内閣府に報告書提出

6月4日	第三者委員会が全柔連会長に2度目のヒヤリング（全柔連会長から「要望書」を提出）。全柔連スタッフも出席
6月5日	内閣府より全柔連に対し報告書の再提出要求（提出期限6月25日）
6月10日	国際柔道連盟会長が来日記者会見の席で全柔連U会長続投支持を表明
6月11日	全柔連理事会（25年度第2回）（定例理事会）
	全柔連会長記者会見（定例理事会での辞任表明せず）
6月21日	第三者委員会最終報告
6月24日	全柔連理事会（25年度第3回）（最終報告への対応）
	全柔連会長記者会見（辞任を表明。時期は10月がひとつの目途）
6月25日	全柔連評議員会（25年度第1回）（全柔連U会長の解任動議、提案評議員の手続き不備により不成立）
	内閣府に報告書を再提出
7月3日	各紙が「元衆議院議員による全柔連U会長背任罪告発」を一斉報道
7月4日	全柔連理事会（25年度第4回）（23人の理事解任要求のための評議員会招集を決議）

7月23日	内閣府が全柔連に勧告（8月末までに回答を提出せよ）
7月30日	全柔連理事会（25年度第5回）（内閣府の勧告への対応について。執行部の理事は8月末までの辞任を表明）
	全柔連評議員会（25年度第2回）（23人の理事の解任要求否決）
	全柔連理事会（25年度第6回）（全柔連会長他23名の理事と3名の監事が8月末までに辞任することを決議）
8月1日	全柔連常務理事会（25年度第1回）
8月6日	全柔連常務理事会（25年度第2回）
8月14日	全柔連理事会（25年度第7回）（臨時評議員会の招集を決議）
8月21日	全柔連理事会（25年度第8回）（23人の理事と3監事辞任）
	全柔連評議員会（25年度第3回）（新役員選任）
	全柔連理事会（25年度第9回）（全柔連新会長就任、新体制スタート）

第2部

「振興センター助成金問題に関する第三者委員会」への疑問

（平成25年10月18日）（平成26年8月21日　追記）

■はじめに

(1)

平成25年1月から8月の間、いわゆる「全柔連の一連の不祥事」が表面化し世間を大変に騒がせました。当時の全柔連幹部が責任をとる形で辞任し一件落着となりました。

これは、平成24年9月の、ロンドン五輪後に勃発した次期五輪強化体制をめぐる柔道界内部の意見の違いに端を発し、一部の柔道関係者による、為にするメディアへの情報提供等により、平成25年1月に「暴力的指導問題」、3月に「指導者個人助成金問題」として、社会問題化したものです。

(2)

その「全柔連の一連の不祥事」の実情は、メディアを通じて世間に伝えられていたこととは異なるところもあり、メディアで報道された全柔連の「不祥事」なるものについていろいろと意見を述べ、反論をしたいところもありますが、これは最終的には、社会と時代が評価することだと思っています。ほとんどの問題は、今後の全柔連の自助努力、改革・改善によって解消していくものと思われます。

(3)

ただ、一連の対応において私が経験したことの中で、柔道界の問題を離れて、これは日本の社会で見過ごされてしまっている問題ではないかと思うところがあります。それは、「第三者委員会」への社会的な評価に関することです。

柔道人・柔道界は、是非は別にして、ともすれば権威や権力に素直で従順な傾向があります。第三者委員会の報告内容に対しても、違和感を覚えつつも、報告があった段階で思考を停止し、「是としなければいけない」と思う人がほとんどだと思います。

だが、ことは将来に亘る柔道界・柔道人、全柔連の名誉に関わることでもあり、非は非として主張していく矜持も大切にしていかねばならないと思っています。

「振興センター助成金問題に関する第三者委員会」のあり方と、その報告書に大いに異論があります。

(4)

私は、「振興センター助成金問題に関する第三者委員会」が平成25年4月26日に中間報告書を出した時、全柔連の事務の現場を預かる事務局職員のひとりとして、この中間報告書の内容に対して違和感を抱き、5月2日に、事務局長に対して「上申書」を提出しました。

「上申書」そのものは全柔連の内部書類ですが、この内容はこのまま、職員からこういう意見があったということで、全柔連の運営業務全般を統括する専務理事名によって5月14日に第三者委員会に「連絡」されました。

＊1　これに対して第三者委員会より何の返事も反応もなかったため、5月28日には、この「上申書」の内容を基に、全柔連の事務部門業務の責任者である事務局長から第三者委員会に「意見と要望」が正式に提出され、最終的には、これら事務局現場の声を受けて、6月4日に、全柔連会長から、2項目の要望事項を盛り込んだ「要望書」が提出されました。

＊2　U会長が全柔連として「要望書」でお願いしたことは、①今回、第三者委員会において行われている受給資格調査は、これまで20年以上に亘って行われてきた制度の運用と異なる基準で判定されており、遺憾に思う。これまでの制度運用の実態・実績と強化の現場の声を反映した判断をいただきたい、②「強化留保金」は、「公益財団法人全日本柔道連盟」とは関係のない資金であり、本連盟は、その資金の管理等に関与しておりせん。そのような、正しい理解に基づいて最終報告をいただきたい、という2点のみです。

そもそも、この全柔連会長からの2点の要望事項を最終報告書の作成に反映させてもらえばいいことであり、第三者委員会が、職員から事務局長宛てに上がった「上申書」や事務局長レベルでの「意見と要望」の個々の内容を取り上げて、逐一反論する必要はありません。

(5)

その後、第三者委員会の委員長であるY弁護士は、「上申書」の内容そのものが、「全柔連からの第三者委員会への意見・要望」であり、第三者委員会の調査報告に横やりを入れたかのような扱いをしました。

私は、「上申書」で述べたことについて、「指導者が助成金を直接に受給する個人助成金の問題とはいえ、結果論的には、確かに全柔連としても遵法精神が不足していたところがあるので、それについてはもっと謙虚にあるべきであった」とは思いますし、上申書での記述が『全柔連』としてのものの言い方」と捉えられれば、確かに文章表現の仕方等に穏当を欠いたところがあったとは思っています。

しかし、主張の趣旨・内容そのものについては、事務の現場の実態・実感を踏まえたものであり、決して間違ったことを言っていると思っていません。

(6)

委員会が中間報告書を出し、これに対して全柔連が「要望書」を提出し、これを受けて第三者委員会Y委員長が「最終報告書」と「回答書」で反論して終了、となったわけです。野球で言えば９回の表で試合終了を告げられたようなもので、第三者委員会の出した「最終報告書」と「回答書」で述べられていることが最終的な社会的な評価となってしまいました。私個人としては、意見を述べる機会が２回と１回では、真実・真相を明らかにするための議論の結末としてもフェアではないと思っています。

(7)

全柔連は、平成25年３月14日付の『スポーツ報知』に報道された「指導者個人助成金からの一部不正徴収による裏金疑惑」事件、および続いて22日付で同紙に報道された「指導実態のない指導者による助成金の不正受給疑惑」事件について、３月26日に「振興センター助成金問題に関する第三者委員会」に調査を委託し、第三者委員会は６月21日に最終報告書を発表しました。

報告の内容は、「平成19年度から24年度における調査対象とした指導者63名の助成金受給者のうち27名に受給資格の認められない期間があった。助成金の受給手続きについて全柔連に遵法精神の欠如など組織的な問題がある。また、指導者による助成金から『強化留保金』への拠出は『経費』とは認められない。強化留保金の仕組みは社会通念に照らし、不適切である」ということです。

一般公開された報告書の内容（平成25年４月26日「振興センター助成金問題に関する第三者

委員会」中間報告書・同要旨、6月21日「振興センター助成金問題に関する第三者委員会」最終報告書・同要旨、同添付資料〈別表：受給資格・留保金拠出額一覧表、2－1「要望書」、2－2「回答書」、3－1「要請書」、3－2「調査の要望へのご回答」〉は、全て、同日の全柔連のホームページに掲載されています。

(8)

中間報告書の発表の前後から最終報告書の発表に至る間、Y委員長と、私を含む全柔連側事務担当との間で様々なやりとりがありました。この経過等についての全柔連側の備忘記録・メモと、第三者委員会の報告書一式に盛り込まれている内容を踏まえて、私は平成25年10月18日に、調査を委託した全柔連としての自己批判も行いつつ、全柔連としての総括もしておくべきと思い、「『振興センター助成金問題に関する第三者委員会』最終報告書についての総括」（以下「総括」）をまとめておきました。

第三者委員会の報告に対して調査を委託した側の関係者が異論を唱えることは、もとよりタブーですし、社会的なルールに反することであるのは承知しています。

しかし今は、全柔連を離れて一国民・一市民となりました。社会的に見て問題があるのではないかと思うことは、伝えておくべきだと思っています。

(9)

「総括」で記録してきたことをベースに、その後の動きも加えて、改めて、全柔連の指導者個人助成金問題への認識（指導者個人助成金問題の本質）、および「振興センター助成金問題に関する第三者委員会」に関する問題認識（第三者委員会Y委員長への疑念）について、意見を述べさせていただきたいと思います。

（参考）　全柔連の「振興センター助成金問題」に関するウィキペディアでの記述（平成26年8月21日時点）

ウィキペディアの「全柔連」の項では、全柔連の振興センター助成金問題について、以下のような説明がなされています。（当該部分を全文引用。但し個人名は匿名アルファベット表示とした）

４月26日には中間報告書が出され、日本スポーツ振興センターから指導者に支給されていた助成金の一部を強化留保金として飲食費などに使用していた件に関して、全柔連事務局から受給者に拠出金の請求メールや、支払いが遅れた場合には督促のメールがなされていたこと、事務局の金庫に留保金の預金通帳が保管されていたことなどから全柔連による組織的関与があったと認定された。留保金は「社会通念に照らして不適切」、全柔連は組織として「公金である助成金に対する順法精神を欠いていた」とも指摘した。留保金は強化委員長時代のUとその後を継いだYに管理権限があり、残高は約２３５０万円にも上ったが、帳簿類や領収書の管理が杜撰であったために実態を把握するのは容易ではないとされ、同時に、このような実態を放置していた日本スポーツ振興センターとＩＯＣ（ＪＯＣの誤り？）による制度運営の不備も指摘した。

６月21日には第三者委員会が最終報告書を公表し、おおむね中間報告の通りであるが、最終的に２００７年から指導者27名が３６２０万円の助成金の不正受給に関わり、目的外使用の留保金が３３４５万円になったことを認定した。

また、「最も重い責任を負う」者は、これら問題に全面的に関わっており、当時の強化委員長だったYであることが認定されるとともに、強化委員長時代からこのシステムに関与しながら是正する姿勢を示さなかった、元強化委員長で全柔連会長のUの責任も明記された。Uはこれを受けて、２０１３年内での全柔連会長職退任を発表した。

このほか最終報告書では、同委員会の中間報告後、全柔連が同委員会に「要望書」を送り、先の中間報告を前提に、同委員会が柔道の実態を踏まえない調査を行っている、全柔連が組織として遵法精神がなくコンプライアンス意識に欠けると断ずるのは言いすぎだなどと主張していた事実を明らかにした上で、中間報告に対する「根拠ある反論」ならともかく、これを「単に理由なく否定」するだけのもので、論評に値しないとした。また、全柔連は第三者委員会に弁護人としての役割を期待して調査を依頼したのに、糾弾ばかりで弁護の要素が見られないとの意見については、第三者委員会は全柔連の弁護人または代理人ではなく、全柔連は第三者委員会の性格についての基本的な認識すら欠けるとした。そして、意見書の名義人が全柔連会長になっているが、現実には事務職員が起案して一部の幹部の承認を得ただけで送付されたものであって、全柔連の組織的な決定を経ていなかったことを指摘し、「現場の意向を聞かず物事を決める全柔連上層部の体質が未だに改善していないことの如実な証左」だと指摘した。

そして、現場の声を汲み上げるつもりがない執行部、上司である執行部の過ちを正し乱れた組織的秩序を是正できない事務職員の双方が、本件を含めた全柔連の問題の根を作り出しているとし、選手・指導者・コーチといった現場の声に執行部、事務局双方がよくよく耳を傾けることこそが健全な組織の有り様だと締めくくっている。

以上が、ウィキペディアでの記述です。

第三者委員会は、「第三者委員会の権威」の下に、全柔連サイドの意見や要望を徹底的に否定しました。その後、全柔連側には何ら反論する場もなく、この第三者委員会の「最終報告書」「回答書」の内容が既定の事実・評価としてウィキペディアに掲載されていることです。

1 指導者個人助成金問題の本質

第三者委員会は、指導者個人助成制度の、制度としての破綻の実態を、見過ごしてしまったようです。そして、制度が破綻していた結果、指導者個人助成金は、実は、バラマキ的な給付となっていました。これが、今回の「指導者個人助成金問題」の本質です。

以下に詳述します。

① 指導者個人助成の基本的な特性

指導者個人助成は、強化指定選手の数の増減に連動して、その指導者についても助成対象人数枠が与えられます。これまで、この枠の範囲内で、全柔連の強化スタッフが指導者個人助成を受けていました。

② 形式化・形骸化してしまった制度

「個々の強化指定選手とその指導者に対して、強化活動に要する経費を助成する」というのが個人助成制度の本来の趣旨ですが、現状・実態は（ことの是非判断は別として）、「助成活動計画書も助成活動報告書もほとんど形式化・形骸化し、助成金そのものも、『限りなく使途が自由な金銭』（『最終報告書』30ページ）、謝金的なもらい切りのお金と認識されていた（第2部〈参考2―1〉）。活動そのものも、担当する選手のことを意識して各々の状況に応じた指導をすることはあるものの、基本的には、これまでの強化スタッフとしての活動と大きくは変わるものはない」というような状況にありました。

＊1　数年にわたってこの助成金を受給していた全柔連のY理事（男性柔道指導者Y氏）は、平成25年6月24日の理事会の席上、議事録記録者に「これから話すことは議事録には残さないでほしいのですが」と断りながら、「ほとんどの受給指導者が助成金を謝金と同じようなもらい切り金として使っていた」ということを話していました。Y理事の恩師に当たるS副会長が、その発言はまずいと思ったのかすかさず、「議事録に残せないようなことは話すべきでない」とたしなめました。

また、議事録には残されていないようですが、女性柔道指導者Y氏の助成金不正受給疑惑問題が論議された平成26年3月の理事会でも、その後全柔連副会長となっていた男性柔道指導者Y氏は、「あの金は、使い方はどうでもよい金だ、これが問題視されれば他の競技団体にも迷惑をかけることになる」などと、疑惑問題の火消し役ともとれる発言をしていたことも漏れ伝わってきています。議事録に記録が残っていないのは、この女性柔道指導者Y氏が全柔連の監事で、理事会議事録の署名人のひとりであったことが関係あるのかもしれません。

＊２　男性柔道指導者Ｙ氏の平成19年度の「資金計画」と「収支報告書」は全柔連に写しが残っていましたが、平成22〜24年度のものは写しが残っていなかったため、念のため平成26年５月19日に日本スポーツ振興センター（ＪＳＣ）に対し情報公開法に基づく文書の開示を求め、その写しを発行してもらいました。

確かに男性柔道指導者Ｙ氏が自信をもって証言するとおり、平成19年度と同様、３年間とも「資金計画」・「収支報告書」ともに、実態と関係ないところで作成されていることが一目瞭然でした。

「世界のＹ氏」と呼ばれる人の提出している書面であり、ＪＳＣも当然にその内容は十分に認識しながら、長年そのまま見過ごしてきたということです。

３　不適切な受給（交付）実態にあり制度としては破綻

ＪＳＣが選手・指導者個人への助成金交付を決定するための審査資料となる「助成活動報告書・収支報告書」の内容は、選手についてもほとんど形式化・形骸化しています。「経費」相当分が助成されるという制度本来の趣旨からすれば、助成対象者のほぼ全員が、その助成金の使途の実態に照らせば、「不適切な受給」ということになるわけです。

長年にわたってほぼ全員が不適切な受給ということは、ＪＳＣのチェック機能が全く働いていないということでもあり、交付としても不適切、制度として破綻しているということになります。〈第２部〈参考２―②〉〉

＊１　今回の第三者委員会の報告で、各指導者が受給した助成金の中から全柔連強化委員会の「強化留保金」へ拠出した分は、「経費」には当たらず、目的外の使途として返還を求められるということになりました。しかし「強化留保金」への支出のみに着目して今回の個人助成金問題を論ずることは片手落ちであり、問題を矮小化してしまったともいえます。

ちなみに、全柔連の暴力的指導問題に関するＪＯＣの「緊急調査対策プロジェクト」のメンバーでもあったＹ弁護士（後に、全柔連の助成金問題に関する第三者委員会の委員長）は、当時の報道によれば、そのプロジェクトでの調査結果についての講評の中で、「全柔連の暴力・パワハラ問題は、特定の選手に対する暴力的指導の問題ではなく、柔道界全体の暴力・ハラスメント行為に関するものだったのだが、それを全柔連は、特定の選手のケースの問題に矮小化した。全柔連側の対応は稚拙であった」とコメントしています。

＊２　メディアの関心も、柔道界・スポーツ界の不祥事として、助成金問題そのものについ

ての事実関係を正しく把握していくということよりも、「柔道界の体質を問う」ということに専心していたように見えます。スポーツ関係の国の予算の配賦を司るＪＳＣという国家権力の姿には目が向かなかったのだと思います。どこかの力が働き、関心の矛先が、そのような方向に恣意的に向けられていたのかもしれません。

＊3　私は、平成25年12月4日、全柔連に在職時、全柔連の内部通報制度に基づき、全柔連の監事職にある女性柔道指導者Ｙ氏について、虚偽の収支報告書を提出して助成金を受領している疑いがあるということを通報し、平成26年1月27日付の書面にて全柔連から回答がありました。

その回答は、「助成活動計画書の記入については、本連盟強化担当者がＪＳＣの発行している『交付決定手続きの手引き』を送付していた。これにより、受給対象となった多くの指導者が同様の記載をしており、女性柔道指導者Ｙ氏個人の責任を問うのは適当でない」というものです。

全柔連も助成活動者に「手引き」を送って適正な事務手続きを伝えている、それでも多くの指導者に不適切な支給がなされていた、かといって指導者自身の責任は問われない。つまりこのことは、全柔連の現執行部も、制度自体が破綻しているということを認識しているということにもなります。

4 実は最終報告書による不適切受給者は50名

今回の第三者委員会の調査により受給資格には問題がないと判断された人の中で、「強化留保金」への拠出を行っている人は、平成19～24年度の間において23名います。これらの人は、結果として、収支報告書にも虚偽の記載をしていることになります。制度の趣旨に照らせば、使途の面から、これらの指導者も不適切な受給者ということです。

第三者委員会の算出した返還金額６０５５万円も、この23名と、最終報告書で指摘された「受給資格が認められなかった27名の指導者」と併せた50名を対象とした金額となり、平成25年８月９日にこの50名に対しＪＳＣより「助成金返還命令書」が出されています。（第２部〈参考２―3・24〉）

＊１　しかしなぜか第三者委員会の最終報告書では、６０５５万円の金額は記載されているものの、「強化留保金」への拠出を行った「23名」という数字は出てきません。もっぱら、受給資格の有無の問題として「27名」だけに焦点を当てているわけです。これは、使途に関わる23名を表面に出してしまえば、「強化留保金への拠出」以外のその他の不適切な使途全体へも関心が向くことを恐れて、敢えて意識的に避けたのだともとれます。

5 一般国民目線からの問題把握が必要であった

報告書の中では全く触れられていませんが、平成25年６月４日の全柔連幹部へのヒヤリングの時に、第三者委員会のY委員長から、「今回は、ＪＳＣとの協議の結果、使途についての問題点は、ＪＳＣ側、全柔連側の双方に同じ程度に問題があり、これについては、（強化留保金への拠出分を除いては）敢えて問題として取り上げない」との見解が示されました。また、第三者委員会の他の委員からも、「使途のことを言えば、全員が不正受給になる」との発言もありました。（第2部〈参考2―④〉）

これは、確かに、公金を配賦する方、これを受け取る方はそれでよいかもしれませんが、一般の国民・納税者やスポーツ振興に対して資金を寄付している人達から見れば、制度の趣旨に反した、公金・支援金の不適切な交付・受領・使途が存在していたということになり、見逃せないことです。

＊1　全柔連は競技団体として、競技力を強化していくことが重要な事業活動ですが、それ以前にまず、公益財団法人として、柔道の普及振興を目的として、広く国民一般を対象とした公益に奉仕するということを使命としています。その存在意義からも、選手・指導者からの視点のみでなく、ましてやＪＳＣ擁護のためにでもなく、第三者委員会は、国民一般の目で、今回の助成金問題の本質を的確に捉えておくべきであったと思います。

6 問題の本質：結果としてのバラマキ助成金

ＪＳＣ、日本オリンピック委員会（ＪＯＣ）ともに、実態的・実質的に無審査・ノーチェックであり、「制度としては破綻している」という運用実態がありました。結果として、「五輪メダル獲得至上主義を錦の御旗にした有力選手およびその指導者への公金のバラマキ助成」という状態に陥っていたのです。

社会的な問題として今少し高い視点に立てば、個人助成に対するこのバラマキの体質こそが、今回の指導者個人助成金問題の本質であったのです。これは、「不適切な受給」の問題に留まらず、「不適切な交付」の問題になります。

定められたルールを無視した形で安易にスポーツ活動資金の助成が受けられるという実態は、アスリートのモラルにとっても、決していい影響を与えるとは思えません。

＊1　平成25年5月14日に全柔連が、職員から事務局長宛てに上申書が出ていることを第三者委員会に連絡したときに、私は連絡文書の冒頭に「はじめに」として、「メディアに一方的に報道され、責められて、何の言い分も表明できない全柔連が、第三者委員会にことの真相を明らかにする弁護士の役割を期待していたのではないか」という見方を付け加えました。

Y委員長は6月4日の全柔連幹部への聞き取りの場でこのことに触れ、「第三者委員会は全柔連の弁護士ではない。もし私が全柔連の弁護士なら、ＪＳＣに対しては、いくらでも攻めることはできますよ」というようなことを言っていました。Y委員長も、弁護士の良心に照らして内心では、「制度破綻の事実」を十分に承知していたのだと思います。

だが、それを前面に出してしまっては、「メディアが収まらない」、「問題が収束しない」、「自分に与えられたミッションを達成できない」、「ビジネスが完遂しない」と思っていたのだと思います。「ミッション」「ビジネス」等の意味は後述します。

７「全柔連の問題」に特化

第三者委員会Ｙ委員長が、この問題の本質に気づきつつも、巧妙に避けていったのだと思います。

平成22年度下半期から24年度上半期までの間、全柔連の指導者個人助成枠が倍増して一部の指導者の受給資格についてのグレーゾーンが発生していた、「強化留保金」というものが存在していた、という全柔連への逆風に乗じて、柔道指導者27名（実は50名）・６０５５万円を、不適切受給者・不適切受給額としてあぶり出しました。

そして、その原因と責任は全柔連側にありと結論づけることについてＪＳＣと第三者委員会Ｙ委員長が暗黙のうちに合意に至ったのだと思います。

＊１　指導者の受給資格の問題に関し、競技団体を統括して受給対象者をＪＳＣに推薦するのはＪＯＣであり、本来ならこの問題についてはＪＯＣの責任も問われるところです。

しかし当時は、東京五輪の招致活動の正念場の時期であり、ＪＯＣに関わる不適切なことは、メディアも含めて、一切タブーという雰囲気がありました。

そこでY委員長は、暴力的指導問題で沸騰する全柔連バッシングの社会風潮に乗じて「全柔連の指導者の受給資格問題」に的を絞り、また助成金の使途の問題についても、全柔連の「強化留保金」への拠出の問題に焦点を絞り込んだということです。こうすれば「全柔連だけの遵法精神の問題」に追い込むことができるわけです。

全柔連から見れば、思いもよらず、制度の欠陥の持つ「落とし穴」に落ちてしまったようなものです。

＊2　私は「制度破綻」の見解を、在職中の平成25年10月18日にまとめた「『全柔連の一連の不祥事』に関する記録」の中で、「『振興センター助成金問題に関する第三者委員会』最終報告書についての総括」としてまとめております。
このレポートを最終的に完成させるに当たって、目を通しておいていただく必要があると思い、平成25年10月7日にY弁護士に全文をメールにて送付したことがあります。当然、内容からして、「総括」に記載の内容はY弁護士からJSCにも伝わると思っていました。

結果としては、このメールが届いていないということなので、多分偶然のことだったのでしょうが、このメールを送付した10日後の平成25年10月18日にJSCが、「平成25

年度より『選手・指導者スポーツ活動助成』を廃止し、25年度下半期から対象を選手に絞った『アスリート助成』を新設する。指導者への助成については検討を続ける。（10月18日『時事通信』配信および19日『スポーツ報知』より）」と発表していました。

ＪＳＣは、平成22年10月に、国会議員のＴ氏より、助成を受けている選手と指導者の関係についての問題を指摘され、急遽指導者の助成金受給資格について選手と担当指導者の関係を明確にするとの運用ルールの改善を行い、平成23年度よりこれを導入していましたが、その後も、従来からの長年の慣用が定着しており、新しい運用ルールが競技団体に必ずしも周知徹底・浸透していませんでした。この選手と指導者の関係に関する受給資格の問題については、第三者委員会の答申内容により全柔連のみの問題に落とし込むことができたものの、交付そのものの不適切性については、ＪＳＣ側のチェック責任を免れられません。このため、問題の多い現状の指導者個人助成金の制度そのものを、いち早く一旦廃止したのかもしれません。

また私は、平成26年3月にＪＳＣに対し全柔連の女性柔道指導者Ｙ氏の助成金の不適切使途の実態解明調査を要請したことに続いて、5月には全柔連の男性柔道指導者Ｙ氏の収支報告書についても疑問を持ち、その書面についての情報開示を求めました。

これもまた偶然かもしれませんが、このあとＪＳＣは、7月5日に開催された、助成対象の21団体86人のアスリートを集めての、適切な助成金の使い方についての研修会を、初めてメディアに公開しました（7月6日付『朝日新聞』記事より）。公金を交付するのですから、これはとてもよいことです。もっと早くやっていただくとよかったと思います。

いつからこの研修会が始まったのかは知りませんが、ＪＳＣが、制度運営の正常化努力を、メディアを通じてアピールしているように見えます。

＊3　なおY委員長は、私がまとめた「総括」の内容について、行き違いがあったため、目を通してはいないようですが、私が平成26年6月に、本稿をまとめるに当たって、再度この「総括」の存在を連絡した時に、Y弁護士より、「（『総括』の内容は知らないが）いずれにしても、私の第三者委員会委員長としての任務はすでに終結しており、本件に関する私の見解は、すべて報告書に記載の通りである。『総括』をもらったとしても、特に意見を述べる立場にない。もっとも、第三者委員会報告書に記載された見解と異なる見解に、私は賛成するものではないので、その点誤解なきようよろしく」とのコメントを寄せていただいております。

報告書により、法的には何の明確な根拠もないままに多くの柔道人が社会的な指弾を受け、その地位と名誉を喪失し、職を失った人もいるのに、「任務は終結しており、特に意見を述べる立場にない」とは、「ミッション」と「ビジネス」に徹した随分な言い方ですが、いずれにしても、今は私も何の束縛も受けない一国民・一市民であり、自由に意見を述べればいいのだと理解しました。

2　第三者委員会Y委員長への疑念

今回のレポートの本論に入ります。

既に一部述べてきたとおり、今回の事案を全柔連サイドにいて見てきた者として、「第三者委員会」という存在について、様々な疑念を抱くに至りました。「聖域　第三者委員会」は、実は行政の下請け機関になっていたようです。以下に詳述します。

1 Y委員会の発足

第三者委員会は、ＪＯＣの調査業務の仕事を通じて全柔連関係の実績を持つとして、Ｙ弁護士が委員長に就任しました。しかし、第三者委員会が発足した平成25年3月25日までの関係者の動きを振り返ると、もともと「Y弁護士は文科省・ＪＳＣあるいはＪＯＣからのあるミッションを携えて第三者委員会に入ってきた」との噂があり、この第三者委員会はスタート時点から、どこか政治的な臭いがし、閉鎖的・密室的な雰囲気を漂わせていました。（第2部〈参考2―5〉）

2 調査開始当初の問題認識

第三者委員会は、平成25年3月25日に、委員の顔合わせを兼ねてプレミーティングを行い、3月26日に活動を開始しました。

中間報告書に記載されている調査開始時点の頃の実情調査に関する記述からも明らかなように、その日のうちに行われた全柔連の現職理事でもある指導者個人助成対象者7名からの聞き取りや、全柔連でこの個人助成の窓口業務を担当していた事務局強化課の職員（3名）からの聞き取り（4月1日）、助成対象者の作成した申請書や諸報告書等の資料のチェックなど、調べれば調べるほどに、個人助成制度そのものが、そもそも「制度としては破綻しているのではないか」との認識を強くしてきたようです。

これは少し実態を客観的に調べ、評価すれば分かる当然の帰結です。それはつまり「不適切な交付」ということになります。

＊1　それら「制度破綻の事実」についての記述は、「全柔連の遵法精神の欠如による不適切な受給」という問題が報告書の正面に位置づけられたあとは、その脇役に回り、最終報告書の中では、中間報告書段階での記述のままに、制度の運用についての事前調査として報告書の前段部分で触れられるに留まっています。全柔連の引き起こした問題の「背景」という形に後退して報告書の末尾に記載されています。

それでもその内容そのものは、制度の破綻を如実に表しています。

ただ、メディア等が注目する、最も肝心な「最終報告書要旨」の中では、これら「制度の破綻」という評価につながることは、一言も一文字も触れられていません。「振興センター及びＪＯＣによる制度運営が、本件の背景にあることもまた事実。もっとも、それによって全柔連側が責任を免れるものではない」（「要旨」２～３ページ）という、全柔連の問題点を浮き彫りにし、強調するために触れられているだけです。「メディアでの扱いと見出し」を強く意識した「要旨」となっているのです。仮に、問題の所在を、全柔連サイド50％、制度の破綻の問題50％としても、「要旨」で50％が５％しか触れられないのでは、「要旨」でアピールされることは、ほとんど全柔連サイドの問題ということになります。これでは、事案の真相を映すことにはなりません。

③ Ｙ委員長の不思議な動き

最終報告書に記載されている「調査の経過」（62ページ～）による第三者委員会の活動記録によれば、「４月12日　ＪＳＣとの協議」とあります。概ね、聞き取りや協議では５人の委員が一緒に行動していることの多い中で、この日は、Ｙ委員長が単独で行動しています。Ｙ委員長の活動記録によれば、「中間報告書ドラフトについてのワーク」となっており、二つの記述を合わせれば、「Ｙ委員長がひとりでＪＳＣと終日７時間余りに亘って中間報告書ドラフトに関して協議を行った」ということになります。（第２部〈参考２－⑥・⑦〉）

＊1　第三者委員会の委員の方の論議を踏まえてY委員長がＪＳＣに示した中間報告書の原案は、ＪＳＣの抵抗に合い、大幅な修正が加わったのだと思われます。Y委員長本人の弁によれば「ＪＳＣも官僚であり、なかなか引かないところもある」とのことです。（第2部〈参考２—8〉）

このＪＳＣへの中間報告書の原案提示・協議のことについては、全柔連が平成25年６月４日付で提出した「要望書」に対するY委員会からの6月10日付「回答書」の中でも、その事実が述べられています。（「回答書」２ページ）

＊2　Y委員長の単独での活発な活動は、最終報告書の「調査の経過」には記載のない空白の日や記述されていない行動の中にあります。

Y委員長から提出された調査費用請求書に添付された活動記録によれば、「３月27日」にはＪＳＣと3度、１時間以上に亘って電話でのやりとりをし、「４月８日」にはＪＯＣのＨ事務局長と2時間以上の長電話をし、「４月10日」にも単独で「振興センターとの協議」をし、「４月23日」には、文科省・ＪＳＣの代理人（おそらく弁護士）と、「４月26日」にはＪＳＣの代理人と2時間に亘って協議を行っています。

Y委員長の行動パターンが、第三者委員会の他のメンバーとは大きく異なることは、Y委員長の活動の経過を追っていけば、一目瞭然です。

④問題認識の転換

中間報告書の内容について、第三者委員会のメンバーは、今度は全員が参加する形で平成25年4月15日にJSCとの協議およびJOCと協議を各々行いました。

同月19日には、JSC、JOC、第三者委員会（第三者委員会サイドの出席として、Y委員長自身はなぜか出席せず、その他の2弁護士委員のみ。公認会計士委員2名も欠席）の合同協議が行われています。ここで最終的に中間報告書の軌道変更が決定づけられたのではないかと思います。

つまり、この3日間3回の会合（なぜかこの間だけ5人の委員の参加状況はバラバラ）で、JSC対JOC・全柔連の構図も、JSC・JOC対全柔連の構図に転換し、「個人助成の制度としての破綻」という調査結果の骨格が、「全柔連の遵法精神の欠如」という骨格に転換したのだと思われます。

＊1　この3日間のさなか4月17日には、第三者委員会の全柔連のU会長への聞き取りが行われました。この聞き取りのあとY委員長は全柔連会長について、「随分正直な方ですね」との印象をもったらしいと聞きました。

どういう意味でそう言ったのかは知りませんが、全柔連は、第三者委員会が事実関係の探求と公正・公平な評価をしてくれるものと信じており、人が信じる人に正直にあるのは当たり前です。U会長もおそらく、元々やましい気持ちは何もないし、包み隠すことは何もないので、事実をそのまま、考えていることをそのまま述べただけのことだと思います。

5 中間報告書が先にＪＳＣに届く

中間報告書の発表で、「全柔連の組織ぐるみ」「全柔連の遵法精神の欠如」が結論づけられたため、全柔連会長も辞意を口にせざるを得ない事態に追い込まれました。Ｙ委員長も、これでメディアも鎮静化し、一応のミッションは果たせたと思ったのかもしれません。発表後の後日、Ｙ委員長は全柔連関係者に対し、「会長はもうやめるんでしょ」と発言しています。

ちなみに、４月26日に中間報告書が発表されましたが、Ｙ委員会はその相当前にＪＳＣに中間報告書の内容を開示しており、発表の当日夕方、全柔連幹部がＪＳＣに報告に行くと、ＪＳＣから、中間報告書を受けてのＪＳＣの対応について具体的に書かれた「第三者委員会の中間報告について」という書面を渡されました。

ＪＳＣが、全柔連からの報告を受け、これを精査・評価してＪＳＣとしての対応を定めるというのが手順であると思っていたので、これには大変驚きました。

ＪＳＣとＹ委員長との共同作業により、次にＪＳＣが打つ手のことも十分に考慮した上で中間報告書が書かれたのではないかということを強く印象づけるものでした。〈第２部〈参考２－9〉〉

＊1　このＪＳＣの文書の第4項にある「全柔連に対する団体助成についての現地調査」が5月24日に実施されました。
ＪＳＣの担当官が全柔連事務所に立ち入り数日に亘って膨大な資料を詳細に点検しましたが、5月31日にＪＳＣから、「適切に処理されている」との結果報告についての発表がありました。全柔連が、「法人組織として」は遵法精神が健全に維持されていることが証明されたわけです。（第2部〈参考2―⑩〉）
助成金問題に限らず、柔道に関わる仕事の事務局職員の誇りとして、真面目に仕事に取り組んできたつもりです。不本意・残念ながら、「指導者個人助成金については『全柔連の組織』としては目の届かないところがあり、結果として、遵法精神が欠如していたと指摘されるところがあった」ということです。

⑥全柔連からの意見・要望の提示に対するＹ委員長の対応

中間報告書の内容が公開されたあと、私はこれを熟読し、他の職員の意見も聞いた結果、「中間報告書の内容は全柔連の現場感覚からずれている、結論ありきの報告になっているのではないか」との印象を強く抱きました。

5月2日に全柔連事務局長に「第三者委員会に中間報告書に対する全柔連事務局現場の感じている違和感をきちんと伝えていただくように」との趣旨で「上申書」を提出しました。この内容は５月14日に第三者委員会に伝えられました。

Ｙ委員会は、これに対抗するための追加的な調査をその後１カ月以上に亘り延々と続け、６月21日に最終報告書を発表したのです。

＊１　５月14日の「中間報告についての職員からの意見等（ご連絡）」の文書、28日の「中間報告に対する意見と要望」の文書、６月４日の「要望書」の文書が、余程、Ｙ委員長の気に入らなかったのか、あるいは気になるのか、Ｙ委員長は、この３通を勝手に、「要望書⑴」、「要望書⑵」、「要望書⑶」と名付けました。
「全柔連からの事実上の反論書３回」・「第三者委員会への介入」として論外扱いし、メディアの耳目をそちらに集めたのです。思い過ごしかもしれませんが、「上申書」等で触れられている内容そのものへの注目を避けようとしたのではないかとさえ思います。

（第２部〈参考２―⑪〉）

＊２　全柔連側への聞き取りは、個人助成金の受給の事務手続きに関しては、報告書の骨子の固まった中間報告書段階までに、全柔連事務局の強化課の若い職員（２人）と元強化課の課長代理の３人を一緒に１度聞き取りをしただけです。しかも、この大事な、事務局強化課の職員の生の声を聞くべき聞き取りには、Ｙ委員長は参加していないのです。
しかも、３人の職員への聞き取りは、４人の委員と補助の弁護士２人の計６名からの

尋問であり、3人が、きちんと本当に言いたいことを言えたのかは分かりません。自分たちの言ったことが中間報告書に反映されていなかったとしても、再度ものを言う機会もなかったわけです。『上申書』を出すなら、私も一言、言わせて」という強化課の他の職員の声もありました。

そのような事務局現場の状況、現場の声を踏まえて、私たち事務局の年配職員ふたりが事務局長に中間報告書に対する現場感覚からの違和感を訴えたのです。これが「上申書」です。

＊3　昨年のうちに私の退職が決まったあと、今年の新年、強化課のスタッフのひとりから年賀状が届きました。そこには、退職するということで心配しています、加藤さんは、強化課の恩人ですから、と書かれていました。
助成金や強化留保金に関わった強化課の生真面目で一生懸命な若い職員にとって、残念ながら第三者委員会と世間一般には実情を理解してもらえなかったけれど、実態と切ない心情を「上申書」にまとめてもらったこと、それが今でも記録として残されていることで、柔道界の人や実情を少しでも知っている人は理解してくれており、心安らぐとともに名誉が保たれた、ということだと思っています。

＊４　５月28日に事務局を代表して事務局長名で提出した「意見と要望」には、この第三者委員会の設置の経緯や委員会の中立性・公正性への疑惑も盛り込まれています。「この『意見と要望』が提出されたことを報告書の中で明記して欲しい」とも書かれていたので、Ｙ委員長はにわかに反応したように感じました。

５月31日には、Ｙ委員長より全柔連側に、「これが全柔連の意見だとすると、メディア、文科省、内閣府などで、大騒ぎになりますよ」との電話が入っています。取り下げろと言っているのだと思いました。〈第２部〈参考２―⑫〉〉

６月５日付にて内閣府から全柔連に、助成金問題等について報告書の再提出を求めるとの文書が届いています。そこには、「中間報告書の内容に違和感がある」ということについての見解を求める文言も入っていました。〈第２部〈参考２―⑬〉〉

＊５「上申書」を「連絡事項」として第三者委員会に送付した段階では、Ｙ委員長も、「こういう現場の意見をどんどん出してもらうのは大変に助かる」とコメントしていました。届いたものの読んではおらず、読んでいたとしても問題指摘をすべてかわせる、むしろ、意見を幅広く聞いてきたという証しになると余裕をもっていたのだと思います。

態度が厳しくなったのは、「意見と要望」として、Ｙ委員会の中立性、公平・公正さについての怪しさを指摘してからです。人間は、本当のことやまずいことを指摘されると一瞬うろたえたのち一呼吸おいて急に怒り出すものらしいですが、冷静沈着なY委員長もそういうところがあったのかもしれません。

＊6　中間報告書では、Y委員長主導の執筆と思われる結論的な記述のところは別にして、中間報告書の大部分を占める事実関係調査段階までのものは、比較的論理的で説得力もあり、論調も冷静です。

しかし、最終報告書においては、本文で追記した「要望書（添付の『意見と要望』『上申書』の内容を含む）」に対する反論の部分および「回答書」の記述ともに、何としても全柔連サイドの言い分を否定しておかねばという気持ちが先に立ったのか、内容そのものが論理性を欠いています。

その論調も、極めて感情的で攻撃的な文章表現がところどころに見られます。怒りの気持ちは伝わってきますが、残念ながら、現場感覚からすれば、説得力そのものは極めて乏しいと思います。

＊7　全柔連が、Y委員長の再三の示唆・警告にもかかわらず「要望書」を撤回することなく、添付して公表してもよいと回答したことで、Y委員長はにわかに「戦闘モード」にスイッチを切り替えたようです。中途半端な調査と理解のままにＪＳＣに押し切られる

形で結論をまとめた中間報告書の内容を維持し、全柔連からの意見に反論することに全力投球を始めたということです。

＊8　最終報告書では、「強化留保金」関係の書類が全柔連の事務所の金庫に保管されていたとか、事務局の職員が拠出金の徴収についての連絡をしていたとか、事象的・現象的な面を取り上げて「全柔連の組織的関与」の証拠とするなど、論理の構成が表層的に過ぎます。この資金の性格や位置づけなど本質に迫る分析はありません。

結論さえメディアや世論の求めるところに合致していれば、経過や論理はそれらしいものであれば十分と高をくくっていたのだと思います。時間をかけて、報告書の文字数を積み上げれば、説得力らしきものも高まると、高をくくっていたということです。

そして、Y委員長にとっては、暴力的指導問題の延長線上で組織の体質問題として全柔連を叩くことが、問題の収拾策としてもっとも与し易い選択であったということです。改めてJOCやJSCの問題を前面に出していては世論がさらに沸騰することになりかねず、いわゆる「ミッション」を果たすことにならないという事情があったのだと思います。

＊9　また、「要望書」が全柔連会長名で提出され、この事実が報告書の中で明示されるこ

となったことから、Y委員長は、全柔連サイドにおける責任追及のターゲットを、当初に予定していた前強化委員長Y氏とほぼ並列に、全柔連会長のU氏を加えました。

しかし、前強化委員長Y氏と全柔連会長のU氏では、同じ強化委員長経験者とはいえ、強化留保金への拠出問題にしても、受給指導者の選定の問題にしても、その関わり方は異質のものでり、責任の内容も度合いも全く異なります。

つまり、強化留保金を拠出したのは、平成19年度は受給した指導者28名の中で6名、同20年度は27名中5名、21年度は16名中10名、22年度は47名中38名、23年度は49名中38名、24年度は47名中11名と推移しており、U氏が強化委員長を務めていたのは14〜17年度までであり、この頃までは、あくまで有志による任意の拠出でした。事務的化・システム化して強制的な色彩が濃くなったのは前強化委員長Y氏の時代からです。

また、受給候補指導者の人選に当たっても、平成18年度以前は強化委員会に諮って決定しており、19年度以降の人選の仕方とは全く異なります。このような事実関係は伏せたまま、強化委員長経験者をひとくくりにして責任を追及し始めたわけです。

一方で、18〜19年度に前強化委員長Y氏の下で強化委員会副委員長であった男性柔道指導者Y氏は、19年度における拠出者6名の中のひとりでもあり、強化留保金の拠出において先駆的・先導的な役割を果たしています。しかしY委員会は、男性柔道指導者Y氏に関し、強化留保金への拠出はもとよりその他の支出についても不適切な使途があったという可能性も含めて、その事実と責任については、一切触れていません。

ちなみに、強化留保金の口座残高は、U氏が強化委員長を務めていた17年度は１４８万円であり、前強化委員長Y氏が担当していた20年度から急増を始め24年度には２８４０万円に達し、その金額の大きさとも相まって社会問題化したわけです。

＊10　私は実は、「上申書」での公式な意見・要望に加えて、私個人としてY委員長に直接に４度にわたり手紙を出しています。

①　最初の手紙は、Y委員長が最終報告書の仕上げにかかっていた時だと思いますが、Y委員長より、会長と一対一で会いたいとの連絡があり、会長が海外出張から帰ってきて急遽Y委員長に会うことになったときです。平成25年6月3日です。私は「上申書」を中心とした全柔連からの「要望と意見」の扱いも両者会談のテーマになると思っていたので、「上申書」を提出した背景を率直にお話ししておいた方がいいと思い、Y委員長に、私自身の自己紹介と、あらかじめY委員長が見せておいてくれていた最終報告書のドラフトについて具体的な見直し希望の箇所を指摘した手紙を送りました。

②　二度目の手紙は、6月13日です。この手紙では、全柔連においてボランティア的に手弁当で運営に参加していただいている指導者の皆さんが、第三者委員会の調査結果によって助成金受給資格なし、いわゆる「クロ」と判定され社会的な制裁を受けかねないということに納得がいかない、ということを伝えました。例えて言えば、弁護士もつかない非公開・密室の裁判で、アンケートや電話という簡便な事情聴取に基づき、あとから一方の利害関係者の間だけで作った法律をもとに、二審以降のない、結果だけを公開される裁判に付されたようなものです。一種のリンチのようなもので、人権問題ではないかとさえ思いました。そういう思いを伝えたものです。シロクロの最終の判断はＪＳＣが法規等に照らして行うべきことではないかということを訴えたものです。（第2部〈参考2－4〉）

③　三つ目の手紙は、6月18日です。Ｙ委員長に対して個人として、最後のお願いという形で出したものです。最後のお願いですから、他言しにくいことや他の関係者のプライバシーに関わることも全て伝えました。これは今でも、Ｙ委員長と私しか知らないはずです。私信なのでどこにも出さないようにと念を押していましたが、ＪＳＣにとって不都合と思われる話も多くありましたので、Ｙ委員長からなんらかの形でこの手紙の情報がＪＳＣなどに伝わっているかもしれません。（第2部〈参考2－16〉）

④　四つ目の手紙は、６月28日です。最終報告書が公表され、テレビのニュース番組などで、「上申書」に記述したことが断片的に引用されていました。柔道界関係のにわかコメンテーターのような方々も交えてさんざんに面白おかしく揶揄されていることに耐え切れず出したものです。「要望書」に至った正しい経緯など、Ｙ委員長からこれから発信する分だけでも適切に説明してほしいとの願いを込めてＹ委員長に手紙を書いたものです。〈第２部〈参考２－⑪〉〉

結局これらの手紙も含め、こちらが理解を求めようとして言ったことやこちらの言い分は、ほとんど聞き入れられるところはありませんでした。それどころか、例えば、「団体助成と違って指導者個人への助成だから全柔連の組織としての遵法精神が疎かになっていた」との実情を述べたことに対して、「振興センターと指導者個人の問題に矮小化し、全柔連の責任を否定しようとするもののように理解されるが、それは完全な誤りである」「問題が発覚した途端に指導者個人の問題として指導者個人に責任を押し付けようとするのは無責任であり、統括団体としてあるべき態度ではない（『最終報告書』29ページ）」との激しい断罪の言葉が返ってきています。Ｙ委員会の論旨の補強に利用されただけでした。

もちろんY委員長はそんな悪い人ではありません。むしろ、とても人柄のいい方です。Y委員長もそれなりの使命感をもって、一所懸命に努力をなさっていたのだと思います。立場が違い、見解が異なっていただけのことです。

＊11 当時のメディアの怒濤の勢いに飲み込まれたままの状態が続き、全ては何の効果もありませんでした。

今思えば、当時は、報道・メディアの「正義感」で、「そのトップの責任を問い、首を取る」というところまでいかないと収まらないというところに来ていました。権力を叩くというのがメディアの使命のひとつでしょうから、スポーツ担当記者にとってはその権力の頂点のひとつは全柔連トップです。ここを叩くのが当時のメディアの「正義」だったのだと思います。

スポーツの強化を巡る行政（ここではJSC）や第三者委員会への疑念など、その後ろに潜んでいるかもしれないもっと大きな社会的な問題は、スポーツ担当記者の関心と問題意識の外にあったのだと思います。

そこで何を言っても全て無に帰するし、逆効果になるということも分かっていたので、じっと黙っているしかなかったのです。

７　第三者委員会と「三者委員会（Y委員長・JSC・JOC）」

Y委員長の第三者委員会は、結果として、客観的な立場から問題の真相を解明しようとする「第三者委員会」ではなく、あたかもJSCの代弁者・代行者のようであり、全柔連を断罪するための、Y委員長・JSC・JOCによる「三者委員会」となっていたと思います。

そしてY委員長は、本来はJSCが行政措置として行うべき不適切な受給の認定という仕事さえも、受給資格の有無と強化留保金への拠出だけに的を絞るという、中途半端な形でやり遂げたということになります。

＊1　Y委員長は返還金問題についても、助成金が元来指導者個人への直接的な交付であるため全柔連に返還を求める根拠に乏しいという中で、いかにして全柔連に負担させるべきかについて頭を悩ましていたであろうJSCに代わって、5月24日に全柔連に対して電話で、「返還についても答申の記述の中で便宜を図りますよ」と連絡までしてきています。超法規的な措置を報告書に盛り込むことで全柔連とJSCの仲立ちをしてもいいという意味だと思いました。全柔連が自主的に「全柔連で負担する」と言い出すのを待っていたふしもあります。（第2部〈参考2－⑫〉）

しかし、全柔連がそのような対応を示さなかったためか、その後は全柔連に６０５５万円を返還させる根拠を底固めするため、最終報告書のトーンを、「幹部指導者等の個人」から「全柔連という組織」の責任にウエイトを移していっています。

全柔連・柔道界が閉鎖的な内輪の論理に閉じこもっていることを批判されていましたが、ＪＳＣ・ＪＯＣ・Ｙ委員長もまた三者の内輪の論理で強引に報告書をまとめていったということです。

結局「最終報告書要旨」の中では、全柔連の組織としての責任を縷々述べたそのあと、「(返還については) 全柔連が責任をもって検討し、関係者と協議の上、適切に処理すべきである」とする、巧みな逃げとも思える記述をしています。

このあと全柔連に対してＪＳＣから、世論を背景にした高圧的な「協議」が持ち込まれ、全柔連は全面降伏の形で、「全柔連がＪＳＣに一旦全部を支払う」という対応をせざるを得ない状況に追い込まれました。

ただ唯一の救いは、全柔連サイドが、この６０５５万円を一旦全柔連で支払ったあと、最終的には、旧執行部と理事・監事、返還には関係のなかった指導者も含めた63名の指導者全員のカンパにより、全額を補塡できたということです。

報告書に盛り込まれているように、多くの指導者が全柔連幹部のやり方に反感を抱いているのなら、このような結果を得られなかったと思います。報告書の内容に対する柔道人のやるせない怒りの気持ちや意地が、このパワーの背景にあるのかもしれません。

＊2　Ｙ委員長は、行政でもない、司法でもないのに、他者からの干渉は一切タブーという

第三者委員会に対する社会的通念を利用して、27人（実は50人）の人間を、「疑わしきは罰する」とばかりに断罪し、６０５５万円という不適切受給金額までも算定しました。

こんなことが社会にまかり通るなら、「第三者委員会」という存在が、アンタッチャブルな第三の権力を構成することになり、これが行政機関の下請けとなり国家権力とつながるとなると、これは一般国民にとっては、社会的存在として空恐ろしいものになります。

＊3　一方でＪＳＣは全ての競技団体に対して「拠出金の有無」「指導者の活動実態」についての調査を行っています。５月31日に、その結果を発表しました。
当然ながら、今回の問題は指導者や助成対象者が特に多い全柔連における強化体制に特有の事象から発生した問題でもあり、他の競技団体では２件しか問題がありませんでした。

これも見方によってはある意味、個人助成についての不適切受給問題は全柔連だけの問題だと世間にアピールして、全柔連だけの問題に封じ込めようとする構図を伏線にした動きともいえます。（第２部〈参考２－⑭〉）

＊4　また、ＪＳＣから第三者委員会に対して、「平成23年２月７日(月)に、スポーツ振興事

業助成審査委員会第一部会に出席した全柔連会長に対して、当時の担当理事から、口頭にて個人助成の紐付けに関する改善指導がなされた」との極めて重要な情報が文書で提供されています。

これは、全柔連のトップが制度の運用が変わることを知っていた上で従来どおりに助成対象者を推挙していたということになる極めて重要な情報です。

しかし実は会長は当時パリに出張中でした。全くの虚偽情報だったのです。

これは、たまたま6月4日の聞き取りでのやりとりで、JSCからそのような情報提供があったことが話題となり事実関係を示すことができましたが、それがなければ、そのまま事実として判断の材料となるところでした。Y委員長の第三者委員会は、JSCの虚偽情報を証拠として全柔連トップの責任に言及したかもしれないのです。

「アンタッチャブルで外からは干渉ができない、情報も外には出ないという、第三者委員会の特性を熟知し、これを巧みに利用した、JSCの情報のねつ造である」と言われても否定できないのではないでしょうか。

同じ文書で「平成22年10月27日には、当時の総務課長に対して電話で紐付けに関する改善指導をした」との情報ももたらされています。この総務課長がその後逝去していることを知ってか知らずか、おそらく知っていますが、反論しようにも死人に口なし、ということになります。（第2部〈参考2―⑮〉）

Y委員長とJSCの間でこういう怪しい情報が行き交い、積み上げられ、あるいは決め手となって、人が陥れられ、断罪されるのかと思うと、ぞっとします。

8 第三者委員会と「第三者委員会ビジネス」

Y委員長の第三者委員会は、その活動実態からしても、第三者委員会とは名ばかりでした。全柔連が先に独自に手探りで人選し発足した「暴力的指導問題に関する第三者委員会」が、約1カ月、5人の委員が等しく活動し、5人への謝礼金も、合計で300万円弱であったのに比べ、Y委員長の第三者委員会の費用はこの十数倍でした。

そのうちY委員長と、Y委員長サイドが付けた助手2人（同じ所属事務所の若い弁護士2名）の稼働時間が全体の70％弱を占めます。この第三者委員会はまさにY委員長の第三者委員会でした。5人の委員が均等に参加し、中立・公正な立場から対等に意見を交わし合って結論を導くという形での第三者委員会でなかったことは明らかです。（第2部〈参考2―17〉）

＊1　当初、委員の方への謝金については、委員1人の時間給（行政関係での調査委員会での時間給が最も高く4・5万円。これを上限とし3・5万～2・5万円）というところを、全柔連は2・5万円でお願いしたかったのですが、3月末に中間報告、4月中旬に最終報告という短期決着ということで、3・5万円（助手2人は2・5万円と1・2万円）でお願いすることになりました。

それが、こちらが求めたわけでもないような調査がどんどん加わって2カ月以上も調査が長引き、歯止めをする術もないままに費用が拡大したわけです。

Y委員長の話である「4月半ばには中間報告、連休前か5月半ばに最終報告、それぞれの委員・補佐が150時間使うのではないか」との途中の見直し段階での増額見通しとの比較でも、結果は、その倍となりました。

＊2　請求の明細を見ると、時間給であるためか、Y委員長の事務所のスタッフは、電話1本の仕事でも時間を計って費用をカウントしているのだろうという状況が読み取れます。

全柔連においてそのような費用を負担する原資は、個々の事業に対して付与される公金からの助成金等ではなく、柔道の発展と日本柔道の世界での活躍のためにとスポンサー企業等が出損くださっている貴重な支援金です。Y委員長は、ここから歯止めもなく資金を吸い取ってきたことになります。

そして、委員長に就任し、2人の所属の弁護士を助手につけて第三者委員会をリードする。そこには、与えられたビジネス目的に徹するばかりであり、問題の本質を捉え、社会正義を追及しようとする姿勢などは感じられませんでした。

ましてや、時間給単価が官民で差があるのであれば、第三者委員会の調査業務をビジネスエリアのひとつとしている弁護士事務所が、経営の安定のために、どこに軸足を置いて仕事に取り組みどう結論を導くかは推して知るべしです。まさに「第三者委員会ビジネス」です。

＊３　これに対し、暴力的指導問題に関する第三者委員会は、全柔連の改革という使命感の下、効率よく短期間で、５人の委員の方が各々の立場から濃密な議論を交わしながら結論を導き出している様子が窺えました。

報告書の内容を受けて、全柔連はメディア等から厳しい批判を受けましたが、その答申内容は、全柔連の持つ問題点と課題を的確に指摘し、我々としても括目すべきものがありました。私たち実情をよく知っている者にも素直に受け止めることができ、謙虚に反省できる納得性の高いものでした。

これに比べ、「振興センター助成金問題に関する第三者委員会」の答申内容は、莫大な時間と膨大な文字数を費やしているにもかかわらず、実情から遊離した隔靴掻痒の感があります。権威だけに頼って結論を押し付けようとしている感が最後まで払拭できませんでした。

これは、「振興センター助成金問題に関する第三者委員会」のＹ委員長の使命が、東京五輪招致の活動が山場を迎える中で、どこを向いて仕事をしているのかと傍から見てもはっきりとわかるくらいに、ことあるごとに「メディアが、メディアが」という言葉を頻発していたように、メディア鎮静化対策にあり、五輪招致のマイナス要因となっている全柔連の問題を一日も早く収束させるということにあったことによります。

これが、あのような結論ありきとも見えるような報告書になったわけです。中間報告書で全柔連幹部の辞任を示唆し、最終報告書では、全柔連からの要望書を全面否定する作文に腐心している姿が読み取れます。

9 焦点がぼけてしまった調査課題

全柔連が第三者委員会に委託した調査課題は4点ありました。（「最終報告書」6ページ）

① 「助成金の受領は適正か」という第1のテーマは、助成金の使途にまで調査・評価を及ぼすと選手も含めて全てが不適切受給となりJSCをも巻き込みかねないため、Y委員会は、敢えてこの第1の課題への直接的な回答は避けました。

② 二つ目の「活動実態の調査・評価」については、それを測るための判定基準づくりにJSCと第三者委員会が、その協議に1カ月ほどの時間を要して、ようやく新しい判定基準をひねり出しました。これをもとに、過去6年間（他の競技団体の調査期間は22～24年度の3年間）に遡って、全柔連の指導者17人の活動については認めないと判定したわけです。

そしてその他の10名について、６年前に遡って、活動時期と受給時期のタイムラグ的なミスマッチを見つけ出しました。調査の趣旨からすると、この10人は付録でついてきたような調査結果です。全柔連は、「助成金を受領していた強化スタッフの活動実態」の調査を委託したのであり、個々人に対する受給資格への評価までもの調査を委託したのではありません。それは、ＪＳＣの仕事と認識していました。

③　また、大変な時間をかけて調査をした「強化留保金なる仕組みは適正か」という三つ目のテーマは、「全柔連の裏金かどうか」ということが調査の目的でしたが、Ｙ委員会は、結局この判断は最後までしないままでした。この資金の位置づけについて最初から何か思い違いをしていたので、その論旨からは、「裏金かどうか」の判断ができなかったということです。結局、「その資金の原資が助成金からの拠出であり、これは助成金の使途として目的外である」というＪＳＣからの指摘をそのまま問題にしただけです。不適切な管理実態にあったことは全柔連でも、第三者委員会に指摘されるまでもなく調査の前から分かっており、平成24年11月にＳ強化委員長に代わった段階で管理の正常化はすでに達成されていたのです。

＊１「強化留保金」は私的色彩の濃い互助会的な資金であったことから、管理の仕方に杜撰

なところもあり、誤解されがちな運用をしてきたのかもしれません。

しかしその資金の本質・性格は、いわゆる「裏金」でもありませんし、簿外の資金でもありません。指導者個人がＪＳＣから受給して個人の所有となった資金を、強化スタッフ全員のためにと拠出してきたものなのです。

この本質・性格を最初に見逃したことから、その後、Ｙ委員長が、改めて労力をかけて行うにはほとんど無意味な調査と理屈付けをしてきたということです。

つまり、最終報告書に向けては、ただただ「全柔連が組織として管理していた」という一言を入れたいために、如何に全柔連の多くの人たちが関係していたか、ということの説明に多大な時間と字数を費やしてきたのです。

「強化留保金」はもともと全柔連が法人組織としては管理をしていないお金なのですから、Ｙ委員長のやってきたことは、敵のいないお城を攻めるために、その外堀・内堀をせっせせっせと埋めているようなものだったのです。

＊2　そして、強化留保金の使途についても、「強化スタッフが、自分たちの飲み食いなど、強化の目的から逸脱したところで使用しているという悪質さがある」という結論ありきで、これを裏付けるために、大変な時間と労力を割いて調査・分析をしようと試みました。

結局、自らの調査・分析では全容を解明できず、「悪質さ」の証明もできませんでした。できるわけはありません。資金の管理は極めて不十分・杜撰であったのですが、使途そのものについては、芯は生真面目な柔道人の気質に照らして、人に恥じ入るような使い方はしていないのです。そのことは第三者委員会の報告書にも、それとなく示されています。

＊３　Ｙ委員長は、第三者委員会ではいくら作業をしても、聞き取りをしても、強化留保金の使途の解明ができないと見切りをつけると一転、それまで全柔連サイドに調査を求めることなど一切なかったのに、わざわざ、本文３行ながらＹ委員長名で「要請書」を出して、全柔連への全面的な協力要請を求めました。

もとより、全柔連はそれまでも全面的に協力し、分かることは全て出し切っていますし、高い時間給を払っているのに、なぜ第三者委員会が行うべき調査・分析・まとめ作業の肩代わりを全柔連がやるのか、それでは客観性も担保されないではないかと思いました。それでもできる限りの努力をし、「調査の要望へのご回答」を提出しました。

このようなＹ委員長からの「要請書」はこれが唯一であり、わざわざ最終報告書にも添付されているのを見たときは奇異に感じました。今思えば、つまりこの意味は、「結論の出ない（結果としては全く無駄であった）調査を延々としてしまったのは、全柔連が調査に協力をしなかったからだ」と言い訳するための証しとしたかったということだと思います。綺麗な姿形をした、体のいい責任転嫁なのではないかと思います。

＊4　そして、「強化留保金」の問題については、全柔連とY委員長の間で、法人組織論に対する見解の相違があり、資金の管理についての決定的な認識の違いがありました。「全柔連」という狭義の法人運営の問題として捉えるか、広義の柔道人の集まり・団体の問題として捉えるかの違いもあり、どこまで行っても平行線であると分かっていたので、ほとんど論議をする余地はありませんでした。

広義の問題として捉えられれば、全柔連としては手の届きにくい問題ですが、その結論に従うしかありません。

④　ガバナンスについては、文科省からの追加テーマであり、また、先の暴力的指導問題の第三者委員会で既に問題点として指摘がなされていることを追い風に、「要望書」が理事会を通さずに出てきていたということを例示し、様々な場面で、全柔連のガバナンスの欠如、その未熟さなるものに言及しています。

＊1　Y委員会がガバナンスの欠如の例として敢えて代表的に取り上げた『「要望書」』の提

出について理事会の決議を得なかった」ということについては、全柔連の「理事会規程」と「稟議規程」をみていただければわかるように、会長の決裁事項として「特に重要な照会・回答」という項が定められています。何ら全柔連の組織運営・権限規定のルールに反したものではありません。

Y委員長が「要望書」の内容を否定したいがために、全柔連の権限規程を調べることもなしに、「要望書」の存在そのものの正当性を問題にしているのかもしれません。

このことは、内閣府の勧告において全柔連のガバナンスの欠如の例として引用され、全柔連は大きな打撃を受けました。

＊2　またY委員長は、暴力的指導問題を通じて「強化の現場の声が上層部に聞き入れられない」という全柔連の体質が世間でコンセンサスを得られているということに便乗したのか、あるいは全柔連が「要望書」を提出したのが余程気に入らなかったのか、全柔連のガバナンス問題について、「全柔連幹部・事務局の一部が要望書を、前述に引用した現場の声を汲み上げることはおろか、理事会に諮ることとすらせず、独自の『要望書』を当委員会に提出したのである。このような今回の対応自体が、現場の声を聞かずに物事を決める全柔連上層部の体質が未だ改善していないことの如実な証左であるといわざるを得ない（『最終報告書』59ページ）」と締めくくっています。これは、的外れです。

「振興センター助成金問題」についての全柔連側の問題は、公的資金としての助成金の受給と使途の問題であり、コンプライアンスの問題です。法令を順守し制度を適切に運用・管理する業務は事務局が担当しており、その現場は事務局（強化課）です。U会長は、助成金申請事務に携わってきた事務局現場の職員の声を尊重し、現場の実情と意見を踏まえて第三者委員会に2項目の要望を伝えたわけです。Y委員長は、まわりくどい言い方をして、要望書を提出したことを無理やり、「現場の声を聞かずに物事を決める体質の如実な証左」にしています。

Y委員長は、全柔連という組織形態、運営の実態をほとんど知らずに様々な判断・評価をしていたのか、あるいは、事実と論理を重んじる弁護士ではありますが、第三者委員会のような仕事では、相手と世間の様子を見ながら「政治的に判断して結論を想定し、後から理屈をつけていくという癖がある」のではないかとさえ思いました。

あるいは、「第三者委員会は第三者委員会であって、調査の委託者に阿ることなく、厳しく一線を画さねばならない」という生真面目さが勝ちすぎて、これが逆に、公正公平な判断に何らかのマイナスの影響を与えたのかもしれません。

＊3　またY委員会は、全柔連の組織としてのガバナンスの問題を総括する中で、最終報告書の中（52ページ）で、「当委員会委員長は、当委員会の中間報告直後に開かれた臨時

理事会に出席し、中間報告書の意図を理事らに十分に理解してもらうべく、以下のとおりの所見を述べた」として３点のことを報告書に記述しています。

一つ目は、「当委員会は、助成金受給者の要件について、振興センターと長時間にわたる議論を行った。その結果、規定を文言通り適用するのではなく、コーチの実態を踏まえて判断すべきであるという解釈を得た」とあります。

全柔連側の書記による記録では、「皆様のご協力をいただき、調査は大変にスムーズだった」とのご挨拶のあと、「まず、どういった人が受給対象だったのか。規則を見ても非常にあいまいで、振興センターの要件についての文言も明確でなく、問い合わせをしても明確な回答はなく、形式論だった。それに基づくと、全柔連のみならず、多くの競技団体が『クロ』になってしまう。強化委員会の仕事をしている人が、形式論議でクロになってしまうのは良くないし、日本のスポーツ界にとっていいことではない。我々は第三者委員会であって、日本スポーツ振興センター側の人間ではない。もし、振興センターの調査会であれば、彼らにとって都合のよい調査結果を作成したと思うが、我々はあくまで第三者委員会なので、振興センターに対しても物申した。振興センターも官僚であり、なかなか引かないところもあるので、線引きをする必要があった」となっています。（第２部〈参考２―[8]〉）

最終報告書の、この記述の直前にある、「当委員会は、全柔連がいわば強烈な自己批判を行うために設置されたもののはずであった」という決めつけ・思い込みも驚きですが、「もし、振興センターの調査会であれば、彼らにとって都合のよい調査結果を作成したと思う」という意識にも、そういうものなのかと、少し驚きました。

二つ目に、「『遵法精神の欠如』という表現の意味は、要するに規則規定をよく分析・検討し、理解し、これを遵守すべきという当たり前のことを述べたまでである。（中略）過失により関係規定の理解が十分ではなかったものと判断している。関係規定の遵守については、プロジェクトチームを作って、全柔連内部で周知徹底することが考えられる」とあります。

これは、全柔連側の書記による記録では、「『全柔連の遵法精神の欠如』と記したが、助成を受けるに当たり、規則を守り、手続きについても理解をして進めましょうということ。そのためにしっかりしていただければと思う。（中略）対応をきちんと考えてもらえば（それで？）構わない」となっています。（第2部〈参考2－8〉）

冒頭に、制度に関する守るべき規則規定も非常にあいまいで形式論になっていたと言いながら、一方で「遵法精神の欠如」があったと指摘することに、そもそもの矛盾があります。従って、「しっかりとして、対応をきちんと考える」ということは、多分これからのことを述べているのであり、「全柔連としては、受給資格について新しい判定基準も整備されたし、当然これからは、個人助成とはいえ、きちんと制度の趣旨に沿った運用・管理をしていくことになる」ということだと理解しました。

「全柔連はその後も、何も対応していない」と全柔連の態度の悪さを最終報告書で指摘していますが、中間報告書にはそのようなことには何も触れられておらず、4月27日の理事会での発言の記録も前述のとおりであり、そもそもの認識・理解が異なっていたということです。

後から報告書に、こう言ったはずだと記述されて、それを基に全柔連はけしからんと責められても、戸惑うばかりです。


三つ目に、「強化留保金については、指導者間の互助の精神は美しいが、そこに使途が定められた公金を入れてはいけないということである。今後、強化留保金に対する過去の入金と出金を明らかにする必要がある。入金については当委員会において調査を行うので、出金について、この件に関わった関係者で調査の上、当委員会に報告書を提出してほしい」とあります。

これは、全柔連側の書記による記録では、「強化留保金について。もともとは美しい互助の精神から始まっているが、そこに公金が入っていることが問題。振興センターとしては受け入れがたい。『入り』と『出』が明確になっていればマスコミにも説明しやすいのだが。72名の強化スタッフの皆さんにアンケートを送付した。締切を5月10日に設定しているので、締切に合わせてまとめる。問題は『出』の方。記録が非常に少ない。通帳に10万円と記載があっても、それが何に使われたのかわからない。当時、関わった方、どなたかに音頭をとっていただいてレポートにしていただこうと考えている。また、マスコミの関心事として、『留保金は、いつから、誰が始めたのか』についても調べていく。これらの結論を報告書として提出すれば、マスコミも納得すると思う。その後、どう対応されるかは、全柔連さんにおまかせします」となっています。

全柔連の書記の記録では、最終報告書には全く表れないY委員長とJSCとの関係や、いわゆるY委員長の、メディアを意識した「ミッション」らしきものが、口頭では、正直に出てきているように思えます。

なお「出」のレポートについては、全柔連は現強化委員長を中心にただちに調査を開始し、第三者委員会に報告しています。

いずれも同じ状況のことを記述しているのに、文章だけ見比べても、報告書での記述と議事の記述の間にはかなりニュアンスの違いがあります。その時のＹ委員長の物腰柔らかな口ぶりとも合わせると、報告書に後から書かれた、厳然とした記述との落差が大きいということです。

⑩Ｙ委員会のアウトプット：新たに設定した基準による受給資格の判定

結局、Ｙ委員長による第三者委員会の調査結果による成果は、「平成22～24年に助成人数枠が広がったことで追加的に助成対象となった18人の強化スタッフを含めた23人（強化委員・マネジメントスタッフ）について、今回設定した新判定基準に照らし、うち15人は受給資格が認められる活動ではなかった」ということを示しただけでした（他に２名のジュニアコーチの活動が認められなかった）。

＊１　今回ＪＳＣとＹ委員長が莫大な時間をかけて編み出した受給資格の判定基準を、ＪＳＣが、制度の運用が変わった平成23年度に作成し、具体的に全柔連を指導し、ＪＯＣもその基準に照らして、改めてこれまで推薦を決定してきた指導者についての見直しをしておけば、問題の起きる余地はなかったわけです。

Ｙ委員会は、最終報告書において、このようなＪＳＣやＪＯＣにとって不利になることについての総括はしませんでした。ただ、全柔連幹部の責任について順々に言及していくという、世論、メディアを意識した、大向こう受けする総括だけをしました。

＊2　6月21日に、第三者委員会からの最終報告書の発表がありました。

全柔連が中間報告書のときに、第三者委員会が全柔連よりも先にＪＳＣに報告をしていたことについて不信感を表明していたこともあってか、最終報告書のときは、ＪＳＣの方からメディアに対して「本日、全柔連から最終報告を受けることとなった」旨のプレスリリースが発表されました。

しかし、そのタイトルは「助成金不正受給に関する第三者委員会最終報告について」となっており、正しくは「振興センター助成金問題に関する第三者委員会最終報告について」であり、自らが調査をしたわけでもないのに、わざわざ「不正受給」とタイトルをつけるところに、ＪＳＣの何らかの意図を感じます。（第2部〈参考2－⑱〉）

第三者委員会の報告書では、「不正」などという言葉は一言も使っておらず、「不適切」という、「不適正」よりも軽いニュアンスの言葉を使っています。

第三者委員会の報告書を、「振興センター助成金問題に関する」ではなく、「助成金不正受給に関する」と名付けて、メディアの論調を誘導しようとしたのでしょうか。

＊3　また、報告書を作成するときのルールなのでしょうか、最終報告書では、中間報告書で記述したことについて変更や追記をした場合は、色塗りをするなどして、その違いがわかるようになっています。

しかし、中間報告書での記述に対してふたつの報告書を並べて比較してみないとわからないのですが、JSCからY委員長にそれとなく指導や注文があったのか、さりげなく最終報告書で新たに強調の下線を付したり消したりしているところがあります。

① 全柔連内の関係者の関わりに関して、新たに下線を付して強調しているところは、以下のようなところです。

■「全柔連では、JOCからの推薦依頼状は、事務局強化課職員が受領する。強化課職員は指導者スポーツ活動助成金受領候補者の人選を、男子・女子の両監督に依頼する」（「中間報告書」18ページ、「最終報告書」23ページ）

「全柔連では」「強化課職員は」という全柔連の「組織的な関わり」を強調しておこうという意図が見えます。

逆に、強調するための下線が消えてしまったのは、以下のようなところです。

■「両監督及び強化委員長による指導者スポーツ活動助成金受領候補者の人選は、強化委員会や理事会等に議題として上程されることは、少なくとも平成19年度以降はなかった」「慣例として、両監督及び強化委員長のみにより決定されてきた経緯がある」（「中間報告書」18ページ、「最終報告書」23ページ）

ここでも、受領候補者の人選についての責任の重さを、両監督・強化委員長の個人から全柔連の組織にシフトしていくとの意図が見えます。

＊「少なくとも19年度以降は」のところは、きちんと網を付して追記したことを示しています。「少なくとも19年度以降は」の文言は、それ以前は受給候補者の人選について全柔連の強化委員会に付議して正式な手続きを踏んで決めていたという事実をY委員長に伝えたことにより追記されたものです。その事実は、指導実態有無問題の発生時期にも関わり、強化幹部の責任論にもつながる重要な情報です。しかし、中間報告書での記述を踏襲することを優先するばかりで、ただ一応字句を挿入することで、意見は採り入れたという形は作ったということです。Y委員長の、「指摘のあった新しい事実関係や、その意味に対する誠意のなさ」を示しています。

② JSCに関わる箇所、とりわけJSCとしてのチェック機能の不備や競技団体への指導の不足などに関するところについては、下線の追加、消去がもっとはっきりとしています。これまで強調の意味で付した下線を消去しているのは以下のところです。

■「振興センタースポーツ振興事業部職員はこれを審査するが、申請者が、JOCアスリートプログラムにおける強化スタッフのうちのいずれかのカテゴリ（コーチングスタッフ、マネジメントスタッフ、情報・戦略スタッフ及び医・科学スタッフ）に当たるかは関知しないため、各申請者の活動計画につき、各カテゴリのスタッフとしてふさわしい内容になっているかどうかという審査の視点はなかった」（「中間報告書」20ページ、「最終報告書25」ページ）

■「振興センターは、活動計画書及び活動報告書の内容が、振興センターが作成した記載例をほぼそのまま写したものであり、指導者としての活動を記載すべきところに選手の活動が記載されていたことや、活動計画書に支出として計上されている旅費等が、万円単位で記載されており端数がないなど、明らかに実態と異なる記載になっているにもかかわらず、それを調査し、是正を求めたことがなかった」（「中間報告書」22ページ、「最終報告書」27ページ）

■「振興センターの記載例の内容は、選手用のものであり、指導者用のものでなかったため」（「中間報告書」21ページ、「最終報告書」26ページ）

■「全柔連の事務局は、長年にわたり、そのような実態と合致しない活動計画書及び活動報告書について振興センターから指摘を受けることがなかったこと、提出期限が厳しかったこともあって、活動計画書や活動報告書の内容を吟味することなく、そのまま振興センターに提出していた」（「中間報告書」21ページ、「最終報告書」26ページ）

③　逆にＪＳＣを擁護するために、新たに下線を付したところは、

「その裏付けである領収書等の提出を求めないというのが、振興センターの立場である。これは、選手・指導者という個人に対し、資金使途の記録や領収書の収集等の煩雑な作業を求めることは、選手・指導者の円滑なスポーツ活動を阻害することになりかねないことからなされた現実的な判断と評価できる」（「中間報告書」31ページ、「最終報告書」42ページ）

④　中間報告書までは、「制度やＪＳＣの対応について責められるべきところが多く、また全柔連としても、全柔連の組織というよりも指導の現場に近いところでの対応・判断に問題があった」というトーンがありました。しかし全柔連から、これらのことをなお一層強固に裏付ける形で「意見と要望」が出てきたため、この対策のために、5月28日以降はＪＳＣとＹ委員長が連携して最終報告書を仕上げていくという形になりました。「全柔連幹部層の責任の追及」にギアを完全に切り替えたということです。これがこまめに下線を付けたり消したりという、文字には表れないところにも出ています。

＊4　全柔連として、個人助成制度に対する関心の少なさなどの不手際がありましたが、事実として、指導者個人助成金の制度がこのように乱れ、破綻してきたことについて、Ｊ

ＳＣの責任も極めて大きいものがあります。

中間報告書の出たあとにも、以下のようなことがありました。（第2部〈参考２―⑲〉）

平成25年5月上旬のこと、助成対象者が提出している収支報告書の支出項目の金額が万円単位となっていることに関してＪＳＣからメールが届きました。

原文のまま転記すると、「平成24年度個人助成の報告書についてですが、収支報告についいて、ほとんどの助成対象者の支出が万単位となっております。おそらく、実際には端数があるものと思われます。自己負担金があるために端数を切り捨て処理をしているということであれば問題ございませんが、その確認がこれだけでは判断できませんので、全柔連さんで助成対象者にご確認いただき、そのような処理をされているということであれば、全柔連会長様名でＪＳＣ理事長宛文書をご提出いただきますようお願いいたします。こちらについても、早急にご対応いただきますようお願いいたします」とあります。

この件での助成対象者は80名近く。調査期限は、（福岡での選抜体重別大会を週末に控えた）その週内（2日後の5月10日）。提出がなければ、1年間の助成金が交付されなくなるのでよろしく、との電話での補足説明もありました。

この「期限までにやってもらわなければ交付できなくなりますからね」との決め言葉

を、よくも毎回毎回やりとりをしたあとに必ず付けてくるものだとあきれ返っていたのを思い出します。

選手への助成金交付を人質にして、事務作業上の無理難題を平気で押し付けてきているのです。これでは、うその報告書でも作らねば間に合わないことになります。これでは、制度が歪んでしまいます。このようなことが連綿と続いてきた結果、徐々に制度が変質し、破綻してきたのだと思います。

＊5　その一方でＪＳＣは自らがやるべきことについての仕事ぶりは極めて悠長で、ルールにも鈍感です。

平成26年5月19日にＪＳＣに対し「独立行政法人等の保有する情報の公開に関する法律」に基づき男性柔道指導者Ｙ氏の収支報告書の文書開示を求めた時もそうでした。

法では、開示請求があってから30日以内に開示の決定を行いその旨を書面にて通知しなければならないことになっており、正当な理由があるときは開示決定を延長する期間と理由を書面で通知の上、更に30日延長できることになっています。

しかし30日を過ぎても何の連絡もないため、私はその後メールにて5回に亘り催促を重ねました。しかし開示決定の最終期限である文書開示の請求の日から60日が近づいても何の措置もなされませんでした。

このままでは法第十条に違反することになるということを示唆すると、64日目にようやく決定通知がなされ、開示文書が送付されてきました。

開示に至るまでの遅延があまりにもひどかったため、実は請求していた文書を何らかの理由により保有していなかったため、あわてて再作成をしていたのではないかと疑い、内容証明郵便にて遅延の理由を問いました。

８月６日付の書面で、「法人文書開示請求の集中及び本年６月の事務所移転業務のため、情報公開担当課が繁忙になったことによるものです」との説明がありました。法人文書開示請求が２カ月もかからねば開示できないというほど多発しているということも、にわかには信じられませんし、事務所移転などの内輪の業務の多忙は、法に違反してまで本来の業務を遅延させてしまう理由にはなりません。単なる怠慢・杜撰であったということの方が、納得性があります。

ＪＳＣは収支報告書の審査という公金の交付に直結する重要な事務作業さえも杜撰であったように、自らを縛るコンプライアンスにはかくも極めてルーズな体質であるということです。

このような、今回の助成金問題の本質にもつながる決定的な要素を、Ｙ委員長は、見て見ぬふりをしてしまったということだと思います。

＊6　第三者委員会の調査結果、15名の強化委員について受給資格が認められないと判定されました。

第三者委員会が今回の調査に当たって作成した判定基準は、平成23年度にスタッフの受給資格認定の運用が変わったあとの考えに基づいて、改めて確認されたものです。従って、第三者委員会において、平成19〜22年度までに助成対象となっていた強化スタッフに遡ってこの新基準で判定することには合理性が希薄で、人を犯罪者扱いすることにもなりかねないことに、あまりにも鈍感に過ぎると思います。

それにしても、同じ顔ぶれの指導者個人助成対象者が、平成22年下期以降、23年度、24年度と、その後もそのまま2度続けてＪＯＣとＪＳＣの審査で承認されており、せめて、23年度に運用が変わったときや、24年度の3回目の申請時に、新しい運用基準に基づいてきちんと個別に受給資格についての具体的な指導・確認をしてもらっていれば、このようなことにはならなかったのです。

公金を預かり、これを交付しているＪＳＣの不作為・業務怠慢の責任も大変に大きいと思います。

⑪ 全柔連サイドにおけるもう一方の存在への対応

今回の助成金問題は、平成25年3月14日に「裏金としての強化留保金問題」が、同月22日には「指導者個人助成金に関わる指導実態の有無の問題」が相次いで『スポーツ報知』に報道されたことに端を発しています。

しかし、「強化留保金」の管理の問題については前年の11月にすでに正常化しており、「指導者個人助成金問題」についても、指導者助成枠が平成24年度上半期をもってそれ以前の状態に縮小したことにより、指導者の指導実態に関するグレーゾーンの問題も半年前に自然消滅していました。これらが、一部の人による為にするメディアへの意図的な情報リークにより、にわかに社会問題化したわけです。〈第２部〈参考２－㉕－①〉〉

全柔連サイドにおいては一方に、暴力的指導問題から始まる一連の事案をもとにメディアを利用して柔道界を混乱に陥れることで自分達の主張を通そうとしてきた一部の柔道関係者とその協力者がいたのです。この事実は、今回の事案の背景となる重要な要因でもあります。〈第２部〈参考２－㉕〉〉

第三者委員会は、このような要因についても目配りをしていくことで、事案の真相に迫る、より客観的で、公正公平な調査と評価がなされるのだと思うのですが、実際は逆の政治的な配慮から調査と評価がなされてきたように思います。

3 指導者の受給資格判定についての疑問

第三者委員会の指導者の受給資格判定についても、今でも納得のいかないところがあります。それは以下のとおりです。

① 調査の仕方・内容の不透明感

「暴力的指導問題に関する第三者委員会」の場合は、全柔連のスタッフが事務局を担当していたため委員会の議事の経過や内容などもよく分かりましたし、委員の方が行ってきた聞き取り調査の内容も全て、報告書が出て委員会の業務が終了した段階で、「聴き取り調査結果要旨」として詳しい資料を受け取りました。調査・検討の経過と結論の関係を違和感なく理解することができました。

しかしY委員会の場合は、どのような検討や論議がなされたのかは全くわかりませんし、指導実態への評価など合点がいかないところが多いため、指導者・選手へのアンケート調査の結果や電話聞き取りの結果を見せてもらうように要請したのですが、もとより全柔連には開示しないものなのだとのことでした。ＪＳＣとは一緒にその内容の分析までしています。受給資格判定の過程についても不透明感がつきまといます。

＊1　指導者の個人名は非公表ながら、調査対象とした63名の個々について、最終報告書の別表として「受給資格・留保金拠出額一覧表」を公開しており、受給資格判定に至る基礎的・形式要件的な情報は知ることができます。

加えて、全柔連が、一般公表の資料以外で受け取った唯一のものとして、氏名を明記した指導者個人ごとの「判定理由」資料があります。「受給資格・留保金拠出額一覧表」を、氏名を伏せて公開しているのですから、本来は、「判定理由」書も併せて、氏名を伏せて公開すべきだと思いますが、なぜかこれは全柔連止まりとなっています。

特に、後に述べるグレーゾーン受給者のシロクロ区分にとって、「判定理由」での記述が最も重要な情報となるのですが、一般には一切公表されませんでした。

「判定理由」としてそれらしい形をとっていますが、内容のほとんどは、基礎的・形式要件で既にシロクロ判定されている人について、活動内容を書き加えていったようなものであり、その内容も、コピペを多用した空疎な内容のものが多く、互いに実態・実情を熟知している当該の柔道関係者はもとより、一般公開した場合の精緻な分析には耐えられないと判断したのかもしれません。

この一般に公開されていない「判定理由」の情報の中に、受給資格判定の疑問を解明していく手掛かりがあるように思います。（第2部〈参考2－㉓〉）

対象となった63名の指導者の受給資格判定結果は既に公表されていますが、それを表にしてまとめると、以下のとおりです。（第2部〈参考2—21・22〉）

（強化委員長・副委員長・強化部長、強化特別委員・強化委員）

	本連盟での所属（当時）	区分	判定		判定理由
1	強化委員長	マネジメント	○		B全柔連指導者・コーチ
2	強化副委員長	マネジメント	○		B全柔連指導者・コーチ
	強化特別委員	マネジメント	×	1	担当選手との関わり希少
3	強化副委員長	マネジメント	○		B全柔連指導者・コーチ
4	男子強化部長	マネジメント	○		B全柔連指導者・コーチ
	強化委員	マネジメント	○		C情報・戦略スタッフ
5	女子強化部長	マネジメント	○		B全柔連指導者・コーチ
	強化部長	マネジメント	○		A所属団体の指導者
6	強化委員	マネジメント	×	2	担当選手との関わり希少
7	強化委員	マネジメント	×	3	担当選手との関わり希少
8	強化委員	マネジメント	×	4	担当選手との関わり希少
9	強化委員	マネジメント	×	5	担当選手との関わり希少
10	男子コーチ	コーチング	○		B全柔連指導者・コーチ
	強化委員	マネジメント	×	6	担当選手との関わり希少
11	強化委員	マネジメント	○		A所属団体の指導者
	ー	マネジメント	○		A所属団体の指導者
12	女子コーチ	コーチング	○		B全柔連指導者・コーチ
	強化委員	マネジメント	○		A所属団体の指導者
13	男子コーチ	コーチング	○		B全柔連指導者・コーチ
	男子コーチ	コーチング	×	7	11月コーチ辞任
	強化委員	マネジメント	×		担当選手との関わり希少
14	強化委員	マネジメント	×	8	担当選手との関わり希少

15		強化委員	マネジメント	×	9		担当選手との関わり希少
16		強化委員	マネジメント	×	10		担当選手との関わり希少
17		強化委員	マネジメント	×	11		担当選手との関わり希少

（男子ナショナル・シニアコーチ）

18	特別コーチ		コーチング	○		B全柔連指導者・コーチ	
19	強化副委員長		マネジメント	○		B全柔連指導者・コーチ	
		強化特別委員	マネジメント	○		B全柔連指導者・コーチ	
		強化特別委員	マネジメント	○		A所属団体の指導者	
20		強化委員	マネジメント	×	12		担当選手との関わり希少
21	マネジメントコーチ		マネジメント	○		B全柔連指導者・コーチ	
22	男子監督		コーチング	○		A所属団体の指導者・B	
	強化副委員長		マネジメント	○		A所属団体の指導者・B	
23	男子コーチ		コーチング	○		A所属団体の指導者	
	男子コーチ		コーチング	×	13	コーチ辞任（選手引退・休養等）	
		強化委員	マネジメント	○		A所属団体の指導者	
24	男子ジュニアコーチ		コーチング	○		B全柔連指導者・コーチ	
	男子ナショナルチームコーチ		コーチング	×	14	コーチ辞任（選手引退・休養等）	
25	男子コーチ		コーチング	○		B全柔連指導者・コーチ	
26		強化委員	コーチング	×	15		担当選手との関わり希少
	男子シニアコーチ		コーチング	○		B全柔連指導者・コーチ	
27	男子総務兼コーチ		コーチング	○		B全柔連指導者・コーチ	
			コーチング	×	16	コーチ辞任（選手引退・休養等）	
28	男子シニアコーチ		コーチング	○		B全柔連指導者・コーチ	
29	男子シニアコーチ		コーチング	○		A所属団体の指導者	
30	男子特別コーチ		コーチング	○		A所属団体の指導者	

（男子ジュニアコーチ）

31	男子ジュニアコーチ	コーチング	×	17		担当選手との関わり希少他

32		強化委員	マネジメント	×	18	担当選手との関わり希少
	男子ジュニアコーチ		コーチング	○		B全柔連指導者・コーチ
33	男子特別コーチ（ジュニア）		コーチング	×	19	担当選手との関わり希少
34	男子ジュニアコーチ		コーチング	×	20	担当選手との関わり希少
	男子ジュニアコーチ		コーチング	○		A所属団体の指導者
35	男子ジュニアコーチ		コーチング	○		B全柔連指導者・コーチ
36	男子総務コーチ		情報・戦略	○		C情報・戦略スタッフ
	女子シニアコーチ		コーチング	×	21	コーチ辞任（選手引退・休養等）
	女子シニアコーチ		コーチング	×		コーチ辞任（選手引退・休養等）
	女子シニアコーチ		コーチング	○		B全柔連指導者・コーチ
37	女子コーチ		コーチング	○		B全柔連指導者・コーチ
			コーチング	○		A所属団体の指導者
			コーチング	×	22	コーチ辞任（選手引退・休養等）

（女子ナショナル・シニアコーチ）

38	女子総務コーチ		情報・戦略	○		C情報・戦略スタッフ
39	女子総務コーチ		情報・戦略	○		C情報・戦略スタッフ
40	女子コーチ		コーチング	○		B全柔連指導者・コーチ
41	女子コーチ		コーチング	○		B全柔連指導者・コーチ
42		強化委員	マネジメント	○		A所属団体の指導者
	女子シニアヘッドコーチ		コーチング	○		B全柔連指導者・コーチ
43	女子シニアコーチ		コーチング	○		B全柔連指導者・コーチ
44	女子シニアコーチ		コーチング	○		B全柔連指導者・コーチ
	女子シニアコーチ		コーチング	○		A所属団体の指導者
45	女子シニアコーチ		コーチング	×	23	コーチ辞任（選手引退・休養等）
	女子シニアコーチ		コーチング	○		B全柔連指導者・コーチ
46	女子ナショナルチームコーチ		コーチング	○		B全柔連指導者・コーチ
47	女子ジュニアコーチ		コーチング	○		B全柔連指導者・コーチ
	女子ナショナルチームコーチ		コーチング	○		B全柔連指導者・コーチ
48	女子ジュニアコーチ		コーチング	○		B全柔連指導者・コーチ

	女子ジュニアコーチ		コーチング	○		A所属団体の指導者
49	女子ジュニアコーチ		コーチング	○		B全柔連指導者・コーチ
	女子ジュニアコーチ		コーチング	×	24	コーチ辞任（選手引退・休養等）
50	女子ジュニアコーチ		コーチング	×	25	コーチ辞任（選手引退・休養等）
	女子ジュニアコーチ		コーチング	○		B全柔連指導者・コーチ
51	女子ジュニアコーチ		コーチング	○		B全柔連指導者・コーチ
	女子ジュニアコーチ		コーチング	×	26	コーチ辞任（選手引退・休養等）
52	女子ジュニアコーチ		コーチング	○		B全柔連指導者・コーチ
	（審判）					
53		強化委員	マネジメント	○		C情報・戦略スタッフ
54		強化委員	マネジメント	○		C情報・戦略スタッフ
	（情報・医科学）					
55	情報戦略部長		情報・戦略	○		C情報・戦略スタッフ
56	情報戦略部		情報・戦略	○		C情報・戦略スタッフ
57	情報戦略部		情報・戦略	○		C情報・戦略スタッフ
58	情報戦略部		情報・戦略	○		C情報・戦略スタッフ
59	情報戦略部		情報・戦略	○		C情報・戦略スタッフ
60	医科学・情報戦略部		情報・戦略	○		D医科学スタッフ
61	医科学スタッフ		医・科学	○		D医科学スタッフ
62	医科学スタッフ		医・科学	○		D医科学スタッフ
63	医科学スタッフ		医・科学	×	27	担当選手との関わり希少

② 判定基準と実際の判定の間の距離

受給資格要件を、「専任」および「日常的」についての「具体的判断」として3項目（「最終報告書」18ページ）を掲げていますが、これをそのまま全柔連の強化委員・マネジメントスタッフに適用すれば、ほとんどの強化委員・マネジメントスタッフ助成対象者は、「基本的には受給資格あり」となります。

しかし、「選手に対して直接的または間接的に強化スタッフとしての役割を果たしていれば足りる」として、間接的指導の意義を認めながらも、強化委員・マネジメントスタッフについての具体的な受給資格の判断に際しては、選手との直接的接触と頻度のみを重視して判定し、ほとんどの強化委員・マネジメントスタッフの受給資格を認めませんでした。

当初「指導をしなかった」という認識を示していたT強化委員も、技術指導だけでなく間接的な指導や声掛けなども指導に当たるという見解を第三者委員会から聞いて、「指導実態はなかった」というそれまでの認識を翻していたようです。

しかし結局、メディアに大きく報道されたこともあり、これに引きずられる形でシロクロの「線引き」がなされた結果、一部の例外を除いたほとんどの強化委員・マネジメントスタッフが受給資格なしと判定されました。強化スタッフとしての活動は認めながらも、どうしてもメディア向けにスケープゴートを作らざるを得ないという意識が働いたとしか思えません。

グレーゾーンの指導者のシロクロ「線引き」の基準となるはずの選手との直接的接触と頻度についても、何か具体的かつ定量的な判定基準があったのかどうか、未だ分かっていません。

＊1　全柔連は、全柔連の選手強化における強化委員・マネジメントスタッフの役割につい

て、①選手としての優れた実績と指導者としての長い経験を踏まえた、各専門分野に捉われない、広範な知見や見識をもって、選手や、その指導者をサポートする、②選手との直接接触よりも、むしろ選手と直接接触の現場コーチ等を直接または側面から指導することで、選手に対する指導を補完する、③技術面やメンタル面、選手の指導方法などの面のみならず、大舞台を踏んだ経験等を生かした、試合の勝ち方、大会開催地・相手国の生きた情報の提供等について、指導者や選手をサポートする、④日常活動は、選手や選手の指導者等との物理的な接触時間のみでなく、むしろ様々な分野からの情報収集に費やす時間など、他との接触を含む、質の面が重視される、⑤担当の選手のみでなく、強化チームの全ての選手に対して、これまでの経歴・経験等を生かして指導に当たる、⑥全柔連の強化スタッフの中で、Y委員長は、練習の現場からは少し距離をおいた位置にある、ということを説明しましたが、それ自体については理解を示したものの、既に一旦結論を出していたあとでもあり、受給資格の判定に反映されるところはありませんでした。（第2部〈参考2―⑳〉）

③ 強化委員シロクロ2区分の内容

結局、全柔連の強化委員会のメンバーであり、強化委員としての活動をしている人が、受給資格が認められるスタッフと、受給資格が認められないスタッフに分かれました。その理由は、

以下のとおりです。（「最終報告書」49〜50ページ）

①受給資格が認められた理由

ⅰ　所属団体のコーチ、全柔連のコーチングスタッフ、情報・戦略スタッフ、医・科学スタッフらと同等かそれ以上に、選手の強化に日常的・具体的に貢献している。

ⅱ　全ての合宿に参加し全ての試合を視察して、担当選手を含む選手団に対し直接接触している事実が認められる。

ⅲ　競技ルールや審判実務に精通し、担当選手を含む選手団に対し講義を行う等、集団的な指導を行っている事実が認められる。

②受給資格が認められなかった理由

ⅰ　強化委員としての活動は行っているが、担当選手との関係が間接的で、あまりにも薄い場合。

＊1　強化特別委員・強化委員の経験者22名の内、3名は「審判員」として情報戦略部や医科学委員会のメンバーと同じ情報・戦略スタッフとして位置付けられ、また、「何名かの強化委員については、全ての合宿に参加し全ての試合を視察して、担当の選手を含む

選手団に対して直接接触している事実」があるとして４名（表の番号11、12、19、42）が全期間、受給資格ありとされています。

＊２　指導者個人助成対象者は、たまたま果たす役割が異なることはありますが、基本的には全て全柔連の役職者として選手強化に関わる活動をしています。

その活動に必要な経費とその経費の本人負担についても大きな差があるわけではありません。日常的に直接的に選手に接して指導に当たるコーチを除いて、他の強化委員・強化スタッフについての判定を、（本人がその自覚が全くない人は別にして）受給資格あり・受給資格なしと真二つに区分するほどの合理的な理由はないというのが実態です。

強化委員全員が×では、制度の運用自体の問題、最終的に推薦をするＪＯＣの問題にもなり、一方で、心情的・政治的に救いたい人もあったのか、あとから、○の理由をつけ足してきたように見えるケースがあります。

４　受給資格判定に疑問のある具体例

「全ての合宿に参加し全ての試合を視察して、担当の選手を含む選手団に対し直接接触している事実がある」として受給資格ありとされた４名のうち、政治的・恣意的に判断して受給資格ありとしていたのではないかと思われるケースがあります。

① ひとりは、男性柔道指導者Y氏の場合です。（表の番号19）
「強化委員」職の指導者がほとんど受給資格なしと判定された中で、この男性柔道指導者Y氏は、「特別強化委員」という名誉職的な肩書きのついた方なのですが、その知名度やイメージなどから、指導実態の程度にかかわらず最初から「受給資格あり」に位置づけられていたのではないかとさえ思えます。

判定理由の文言も、強化スタッフとして果たすべき役割の異なる「強化委員会副委員長」の時と「強化特別委員」の時で全く同じ内容となっており、指導実態についての具体性と調査結果の信頼性にも疑問が残ります。

また、男性柔道指導者Y氏だけが、ほとんどの指導者がクロと判定された「強化委員」職のグループではなく、その「役割」としてほとんどの指導者がシロ判定されている「男子ナショナル・シニアコーチ」のグループに区分されているのも、どこか不自然です。本来の位置は、「強化委員」職のグループです。

特に、平成23年度の下半期に担当した軽量級の選手について、第三者委員会の判定理由は、その他の期間に担当した重量級の選手のケースをそっくりコピペして、指導の回数のみを「月3回程度」から「月1回程度」に修正したものとなっています。

その軽量級の選手は、自分を担当していたという「世界のY氏」と呼ばれるほどに有名な男性柔道指導者Y氏のことを聞かれ、「その人誰？」と聞き直したという笑い話のよう

な エピソードも伝わってきました。多くの「強化委員」職の指導者がクロと判定されている中で、この期間は少なくとも他の強化委員と同じような活動のレベルにあったであろう男性柔道指導者Ｙ氏だけが、この期間もシロと判定されたことについて、柔道関係者の間ではそれほどに違和感があったということです。

男性柔道指導者Ｙ氏もこの選手を担当しているという意識はなかったのか、あるいは極めて希薄であったのか、ＪＳＣに対して四半期ごとに選手への指導状況を報告する書面の提出を、いつもはその都度きちんとやっているのに、この軽量級の選手を担当した時は、これを出しそびれたようで、年度末の受給金額確定手続きのときに2回分をまとめて提出しています。

なお、指導の活動実態は、助成金をどのように使用したかということに反映されますが、男性柔道指導者Ｙ氏が報告している平成23年度の「収支報告書」の内容は、ＪＳＣが助成活動計画書の「資金計画」の記入例として提示しているものと、総金額１４０万円、その使用の科目別の内訳とも、1円違わず全く同じ内容のものとなっています。一見して、この収支報告書は、全くの偽りです。

いずれも自己申告であり、助成金の使途報告の怪しさは、指導実態報告の怪しさでもあります。

男性柔道指導者Ｙ氏の助成金の使途についての疑惑を私は、平成25年6月４日の全柔連幹部に対する第三者委員会からの聞き取りに同席した時にY委員長に直接指摘したのですが、これも何ら指導実態のシロクロ判定に反映されることはありませんでした。

② 女性柔道指導者Y氏も、同様の疑いがあります。（表の番号11）

女性柔道指導者Y氏の助成金の使途に関する不正疑惑について平成25年12月に内部通報をしたとき、全柔連より平成26年1月27日付文書で、受給資格の判定理由についてもコメントがあり、「第三者委員会の調査により、選手の所属指導者として週3、4回関わりがあり、資格があると認められた（原文のまま）」とのことでした。

しかし女性柔道指導者Y氏は、当時、某大学の教授の職にあり、「選手の所属指導者」ではありません。担当していた選手は、年度の上半期は民間企業の社員であり、下半期は他の学校法人の職員です。

第三者委員会の報告書により、受給資格が認められる強化委員のケースとして「所属団体のコーチ、全柔連のコーチングスタッフ、情報・戦略スタッフ、医・科学スタッフと同等か、それ以上に、選手の強化に日常的・具体的に貢献している」とあります（「最終報告書」49〜50ページ）。某大学で教鞭をとっていた女性柔道指導者Y氏が、どのようにして担当の選手と「週に3、4回関わり」を持てたのか、物理的にも理解し難いところがあります。

報告書の記述によれば、受給資格を認めた強化委員のケースとして、「全ての合宿に参加し全ての試合を視察して、担当選手を含む選手団に対し直接接触している事実が認められる」とあります（「最終報告書」50ページ）。女性柔道指導者Y氏はこれにも該当していないように思えます。

また全柔連では、全ての受給者が全柔連の強化委員会の構成員ですが、女性柔道指導者Y氏が強化委員であったのは平成19年10月までです。他の指導者は四半期単位・月単位で全柔連の強化スタッフ任期と受給期間をチェックされ、コーチ職を外れている場合は受給資格なしと判定されています。女性柔道指導者Y氏については、11月からは全柔連の強化スタッフとしては無任職で助成金を受給していたことになります。

＊１　このように、男・女柔道指導者両Y氏についての第三者委員会における受給資格有無判断は、報告書で示された基準に照らして理解し難いところがあります。

しかし実際に詳細に調査をし判定をしたのは第三者委員会であり、何らかの根拠があると思うのですが、指導者の指導実態についての個別・具体的な調査内容は、助成金問題の調査を委託した全柔連も含めてどこにも公表されていません。

両Y氏などメディア受けのいい柔道指導者については、シロ判定をしても世間に受け入れられるとの裁量が働いたのかもしれません。６月４日の第三者委員会からの聞き取り時のやりとりの中で、Y委員長の言葉から、柔道界にとっても男性柔道指導者Y氏のような柔道界を代表する有力な指導者までクロであっては全柔連もこれから困るでしょうし、と言わんばかりのニュアンスを感じ取ったこともあります。

いずれにしても、第三者委員会において、何らかの他の根拠をもって受給資格ありと判断したのだと推察するしかありません。

世論の支持を背景にした第三者委員会の権威をもってすれば、その出した結論に対して、権威・権力に従順な傾向の濃い柔道家の集まりの全柔連など、何の反論をするわけもないし、できるわけもないと思っていたのかもしれません。

＊2　ちなみに4名の内、男・女柔道指導者両Y氏以外で、M氏は、所属団体の指導者であり、S氏も、担当の選手が、S氏がコーチを務める大学の出身であり、選手が卒業後も同じ大学で練習をしており、全く問題はありません。

＊3　そもそも指導実態の調査の方法が、指導者・選手本人へのアンケートと本人への聞き取りであり、客観的に事実関係を把握し、客観的な評価する上では、極めて不完全、不確実な手法です。
そんなことはないとは思いますが、指導者と選手の口裏あわせも、理屈としては考えられます。そこまではいかなくても、一応シロクロの判定基準は定めたので大雑把なシ

ロクロ判断はできるものとしても、グレーゾーンの指導者についてシロにするかクロにするかのコントロールは、誘導的な要素を含んだ質問の仕方や、調査結果のまとめ方で、どうにでもなるところもあります。

もとより、調査の元データはどこにも開示されませんから、あとから追及されることもありません。なんとなく世間が納得するところに結論を導いていくということになるのも仕方ありません。

しかしそれでは、第三者委員会の調査としては不適切な調査ということになります。男・女柔道指導者両Y氏は、このような判定過程の中で、その柔道指導者としての知名度と社会的地位の高さから、クロの要素には目をつむって生まれた、無理筋のシロのようにも見えます。

4 「最終報告書」全体の印象

(1)

「第2部〈参考1〉」にまとめているように、「最終報告書」も実は、「制度としての破綻あるいは変質してしまっていた状態」を認めています。

Y委員長はこれらの問題点を、報告書をまとめる段階で「背景」の中に押し込め、「27名(実は50名)の不適切受給者・６０５５万円の不適切受給額」と「全柔連幹部の全面的な責任」を前面に押し出し、浮き彫りにする形で、最終報告書の結論部分、総括部分をまとめ上げたわけです。

(2)

最終報告書を冒頭から順に丹念に読み進めていくと、Y委員長の主張は、実情を中途半端に把握したまま無理やりある方向にまとめ上げてきた「中間報告書」段階での、結論先取り的な論旨に拘泥するあまり、最終報告書で追記をしていった部分を中心に、「要望書」への反論部分や「回答書」を含め、いたずらに字数ばかりが増え、論理も内容も飛躍・迷走してきていることが読み取れます。

最終報告書は、中間報告書の弥縫と、「要望書」への反論の報告書となっているわけです。

＊１　平成26年８月に、大手企業の柔道部長を経験したことのあるN氏という方により日本柔道界の実態をまとめた本が出版されました。その本では今回の事件で全柔連を追い込んで行った様々な方面の動きが報告されています。その中で、N氏がまとめた日本の柔道界の問題に関する２本の検証レポートが第三者委員会に提出されており、第三者委員会報告書や内閣府勧告書で記載されている柔道界の問題点とN氏が検証してきた内容とが一致している、ということも述べられています。Y委員長も中間報告書での筋書きづくりにN氏の検証レポートの内容を活用したのかもしれません。

(3)

「暴力的指導問題に関する第三者委員会」は、問題発生の原因を根本から追究し、今後に向けての多くの具体性のある提言をし、柔道界の前途に灯りをともしてくれた印象があります。

これに比べY委員会は、膨大な時間と字数を費やしているにもかかわらず、問題の本質や真相に迫るところも、何ら提言らしきものもなく、もっぱら、いかに理由を見つけ出して、誰をどのように断罪するか、誰の責任を追及するかということに眼目を置いています。

その結果に対して世論やメディアは拍手喝采するものの、結局、柔道界にとっては、ただ、世論・世間の目にかなう形で人が入れ替わっただけの結果しかもたらしませんでした。

(4)

第三者委員会は、①受給資格があると信じ込んで助成金交付の申請をし、長年の慣習どおりに事務手続きをしてきた全柔連・指導者、②競技団体から出てきた推薦者の中から候補者を決定しＪＳＣに対して助成対象候補者を推薦するＪＯＣ、③受給資格の基準について長年しかるべき指針を示して指導をすることもなく、助成金の決定に当たって行うべき内容の審査もしないで国民から預かった公金を安易に交付し続けていたＪＳＣ、の三者の、どこに、どのような落ち度があり、より重い責任があるかを、国民目線に立った客観的な立場から、公平・公正に調査・検証・評価をしていくべきであったと思います。

＊1　このレポートは、私が在職中の10月8日から在宅勤務を命じられていた平成25年10月18日にまとめた『振興センター助成金問題に関する第三者委員会』最終報告書についての総括」で述べたことをベースとしています。

この「総括」レポートの「はじめに」として、「忘れないうちに、経過等を整理しておきました。今は、まだこんなことを言っていると、袋叩きにあう内容ですので、どこにも開示できません」とあります。

これほどまでに当時は圧倒的に世間やメディアの風当たりが強かったのも事実です。

Ｙ委員長の描くストーリーと後追いの理屈が、第三者委員会の権威を背景にして全柔連に対する世の中の評価を決定的にし、全柔連に対するメディア・世論の風を更に強くしていったのだと思います。

＊２　また、平成25年12月に全柔連の監事職にある女性柔道指導者Ｙ氏の助成金問題について内部通報をした時、平成25年８月に人心一新してスタートしていた全柔連新執行部は、指導者個人助成金に関わる問題は第三者委員会の報告をもってすべて終了しているとして、改めて問題にすることを徹底的に排除しました。

「第三者委員会」は、「各指導者の指導実態調査と受給資格有無の評価」および「『強化留保金への拠出』の適・不適の判断と拠出者の洗い出し」をしたにすぎません。

内部通報で指摘した問題は、女性柔道指導者Ｙ氏個人の助成金の使途の問題であり、第三者委員会が具体的には取り上げていない問題です。第三者委員会報告書の権威は、このような形で、不都合で煩瑣な問題の回避、言い逃れの手段に使われているのです。

＊３　また平成26年３月28日に私は、この女性柔道指導者Ｙ氏の指導者個人助成金の使途について文書にてＪＳＣに調査を要請したのですが、これに対するＪＳＣの回答は、「全柔連による指導者個人助成金不正受給に関しては、第三者委員会による調査が行われ、

その最終報告書及び最終報告書要旨を踏まえ、当センターとして、助成対象者及び助成金額を再確定し、結論を出したものであり、（女性柔道指導者Y氏のスポーツ指導者活動助成金の使途に関する）更なる調査は予定しておりません」とのことでした。

これに対し私は、第三者委員会は、助成金の「強化留保金への拠出」以外の、その他の使途についての問題については、何ら個別・具体的な調査も評価もしていないと書面を送付して反論し、6月3日に再度調査要請をしたのですが、ＪＳＣからの回答はありませんでした。

ＪＳＣは一方で、女性柔道指導者Y氏と全く同様の資金計画・収支計画書を提出している選手・指導者に対して、平成25年7月22日付の書面にて、収支報告書について追跡調査を行っています。ＪＳＣにおけるこのふたつの対応の間には矛盾があります。

第三者委員会の報告書は、結果だけがひとり歩きしながら、問題の存在を一日も早く消してしまいたい人々からこのように、その時々に都合よく使われ、これを隠れ蓑にして不都合な事実がついには覆い隠されてしまう、という結果をもたらしているのです。

■ おわりに

(1)
第三者委員会は、問題となっている事案について第三者による客観的な評価を得るために当事者が調査を委託するものであると理解しており、社会的な約束事として、委託者はその結果を謙虚に受け止めるのは当然のことです。当事者が密室で、その調査に圧力をかけることになりかねないようなことをしてはいけないことも当然です。

(2)
しかし、当事者としても意見はあるのであり、ある段階に至れば、公開の場で正式に意見や要望を述べてはいけないということはないと思います。第三者委員会も、場合によっては様々なしがらみを抱えた人の集団ですから、暴走することもあるかもしれないと思うからです。

(3)
そもそも、司法でもない行政でもない第三者委員会の当該の案件に対する判断・評価を、神の声のごときに扱い、絶対服従ということは危険であり、行き過ぎであると思っています。真実・真相に照らした、ひとつの判断に過ぎないと思います。

調査の委託者は、一旦委託した以上は、第三者委員会の信義と誠実を信じて、この答申に従うとしても、これが社会正義に照らしてあまりにも不合理だと思うところがあれば、意見・異論を述べ、疑問点を提示することは許容されると思っています。

むしろ、第三者委員会の、現状でのあいまいな社会的な約束事の下では、その仕組みに乗じて暴走することにもなりかねない第三者委員会をけん制し、社会的なバランスをとることは、必要なことであると思っています。

(4)

なお第三者委員会のあり方に関し、平成26年に入り、有志の弁護士さんや研究者、ジャーナリストの方により「第三者委員会報告書格付け委員会」が発足しました。「振興センター助成金問題に関する第三者委員会報告書」についても是非とも格付け委員会に取り上げてもらいたいと思い、8月に、その可能性を打診しましたが、何ら返事はありませんでした。前年度の事案でもあり、もとより対象外であったようです。Y第三者委員会とその報告書について、客観的に精緻に検証・審査をいただける絶好の機会でしたのに、実に残念でした。

（参考１）「最終報告書」も認める「個人助成制度の破綻あるいは変質」について（平成25年８月18日）

１「最終報告書」の記述より、「個人助成制度における競技団体・ＪＯＣ・ＪＳＣの役割」について

⑴

指導者スポーツ活動助成金の受給手続きに関する競技団体の役割は、最終報告書22ページの図では、ＪＯＣから「推薦決定についての通知を受領」し、助成対象者の提出する「交付申請書を取りまとめて提出」し、助成対象者が「競技団体を通して」助成活動状況、実績報告書を報告する、ということになっている。

⑵

指導者スポーツ活動助成金の受給手続きを適正に行うためには、助成対象候補推薦者の決定権限を持つＪＯＣと、助成金額を確定する権限を持つＪＳＣの役割が極めて重要である。特に、公金を原資に交付を決定するＪＳＣにおける最終の審査機能が、制度の適正な運営に果たす役割は大きい。

(3)

しかし報告書によれば、「強化スタッフは3500名以上に上るので、JOC強化部職員が判断をするには限界があり、競技団体の人選を尊重せざるを得なくなっているのが現実であった（同24ページ）」、「JSCに提出する活動計画書はJOCに共有されていない（同24ページ）」「センターは、助成対象者を審査・決定し、と定めている（同25ページ）」となっているが、「実際には、振興センターは固有の審査は行わず、JOCの推薦を全面的に受け容れる運用となっていた（同25ページ）」とある。また、「振興センター職員は助成金交付申請者を審査するが、活動計画につき、各カテゴリのスタッフとしてふさわしい内容になっているかどうかという審査の視点はなかった（同25ページ）」となっている。一般に、チェック機能の働かない制度は、すでに制度としては破綻しているといわれる。

2「最終報告書」の記述より、「受給資格の判断基準」について

(1)

受給資格について最終報告書では、「規程を比較したところ、主に以下の2点（注：『専任』の解釈と『日常的に』の解釈）について、JOCの規程と振興センターの規程の間に相違点が存在することが判明した（同12ページ）」、「（この2点は）受給資格の有無を判断する上で極めて重要である（同12ページ）」。また、「振興センターとJOCの各関連規程の趣旨を過去

に遡って検討することに多くの時間を費やした（同12ページ）」、「当委員会は、振興センター及びＪＯＣとの複数回にわたる協議を経て、ようやく前述の基準（『専任』及び『日常的』との文言の解釈）を得るに至った（同18ページ）」とある。Ｙ委員長自身も、本連盟の理事会で「規則を見ても非常にあいまいで、振興センターの要件についての文言も明確でなく、問い合わせをしても明確な回答もなく、形式論だった」（第２部〈参考２－[8]〉）と述べている。

⑵

これまで、受給資格の判断基準は極めて不分明であったということである。そのような中で、今回、前述のような大変な時間と労力を要したと思われる協議を経て確認した「基準」で、過去６年間の助成対象者の受給資格の有無を判定したということになる。本来ならば、平成23年度以降の助成対象の候補者について適用されるべき判断基準である。

⑶

実際のこれまでの受給資格に関する判断基準は、「ＪＯＣ強化部職員は、①競技団体が人選した候補者が各競技団体の強化スタッフのリストに含まれていることを確認し、②事務局職員など、選手強化にたずさわらないことが一見して明らかな者を除外する、③疑義が生じた場合は、振興センターに対し確認を求める（同24ページ）」と報告書で述べられているとおりである。

3「最終報告書」の記述より、「助成金の使途」について

(1)

助成金の使途に関して、「(JSCの手続きの手引きには) 交付申請時の資金計画と四半期ごとの報告書をもって証拠書類に代えることとし、領収証等のJSCへの提出は必要ない (同41ページ)」とされている。

(2)

助成金の使途に関して最終報告書では、「(JSCは) 活動報告書に支出として計上されている旅費等が、万円単位で記載されており端数がないなど、明らかに実態と異なる記載になっているにもかかわらず、それを調査し、是正を求めたことがなかった (同27ページ)」、「謝金でなく経費助成であるという性質からすると、活動計画書及び活動報告書に実態と乖離した内容を記載することは許されるものではない (同28ページ)」のに、「(JSC) は、活動計画書及び活動報告書の内容が実態と乖離していることが明らかであったにもかかわらず、それを長年にわたり見過ごし、是正されずに今日に至ったものと認められる (同30ページ)」。「その結果、その扱いが限りなく使途が自由な金銭として運用され、指導者スポーツ活動助成が経費助成で

あるという性質と実態との間に乖離が生じるに至っていた（同30ページ）」とある。

（参考２）参考資料一覧（一部非公開資料を含む）（平成25年８月18日）

1. 男性柔道指導者Ｙ氏・女性柔道指導者Ｙ氏の「助成活動計画書」・「助成活動報告書」、「助成活動計画書」記入例
2. ＪＳＣ文書「会計検査院指摘事項に関する確認について」（６月28日）（Ｓ選手、Ｎ選手の「助成活動報告書」）ＪＳＣ文書「スポーツ振興基金助成金に関する調査について」（７月22日）
3. 不適切受給者と返還金額一覧
4. ６月13日　Ｙ委員長への手紙（６月13日）
5. ＪＳＣ等の動向等についての備忘メモ（３月27日）
6. 第三者委員会委員の動き（会議等出欠状況等）（６月21日）
7. Ｙ委員長の活動記録（３〜４月分）（６月21日）
8. 臨時理事会議事メモ（４月27日）

⑨ JSC文書「第三者委員会の中間報告について」（4月26日）
⑩ JSCリリース文「全柔連に対する現地調査の結果について」（5月31日）
⑪ 6月28日　Y委員長への手紙（6月28日）
⑫ Y委員長とのメール・電話のやりとりメモ（5月24〜31日）
⑬ 公益認定等委員会からの「報告要求」文書（一部抜粋）（6月5日）
⑭ JSCリリース文（5月31日）
「スポーツ振興基金（選手・指導者スポーツ活動助成）に関する調査結果について」
⑮ JSC作成文書
「T参議院議員からの個人助成に関する指摘について」（6月14日）
⑯ 6月18日　Y委員長への手紙（6月18日）
⑰ 第三者委員会の費用・稼働時間の委員別の内訳（6月21日）
⑱ JSCリリース文「助成金不正受給に関する第三者委員会最終報告について」（6月21日）
⑲ 個人助成に関するJSC指導2件（端数処理、強化留保金拠出実績調査）（5月8日）
⑳ 全柔連における「強化委員等」のマネジメントについて（6月7日）
㉑ 助成対象者受給資格判定一覧表（6月21日）
㉒ 助成対象者受給資格判定○×表（6月24日）

㉓ 判定理由（一部抜粋）（6月21日）

㉔ ＪＳＣからの「助成金返還命令書」（8月9日）

㉕ ①3月18日、3月26日理事会議事録（社会問題化に至る経緯等）、②6月25日内閣府報告抜粋（暴力的指導事件の事実経過）

（参考3）――「上申書」（再録）（平成25年5月2日）

＊再録に当たって個人名は匿名アルファベット表示とした。

上　申　書

M事務局長

（写）U会長　O専務理事

平成25年5月2日

全柔連事務局

経理課　参事　M

総務課　事務局参与　K

「振興センター助成金問題に関する第三者委員会」が4月26日に発表した中間報告で、「全柔連は、組織としての遵法精神が欠落し、組織として強化留保金に関わる不適切な行為を行い、組織のガバナンスにも大きな問題がある」との指摘を受けたと理解しました。この指摘については、我々職員としても、重く受け止めていかねばならないことだと思っております。

しかしながら、その後、本中間報告の内容を精査してみますと、第三者委員会と全柔連の間に、いくつか重要な認識の違いがあるのではないかと思います。

第三者委員会の答申は、全柔連の今後の運営および将来に重大な影響を与えますので、我々としても、ただ看過していくわけにはまいりません。第三者委員会に対し、最終報告に向けて、さらに慎重な調査と検証をしていただくことを要請するよう、上申いたします。

以下のとおり、疑問に思うところ、意見・要望等をとりまとめました。よろしくご査収ください。

Ⅰ　強化留保金の位置づけへの認識に関して

[1]「強化留保金」は、全柔連の簿外資金ではなく、強化スタッフ互助会的な私的資金である

「強化留保金」に関し、中間報告では、「全柔連における強化留保金の仕組みは不適切であり」、

「全柔連の組織のガバナンスとして大きな問題があった」と指摘されているが、これは、我々の実感とは相当に異なる。「強化留保金」は、全柔連の組織としての資金入出金に関係がなく、従って簿外の資金でもない。強化スタッフだけで管理している、互助会的な私的な資金である。

２ 中間報告書の記述に、一部不正確さと認識の違いがある

中間報告書の記述に、一部、以下のごとき、不正確さと認識の違いがある。

(1) 25ページ３行目：「全柔連強化委員会の銀行預金口座」は「全柔連強化委員会スタッフ個人名義の銀行預金口座」というのが、より正しい。

(2) 25ページ９行目：「平成20年７月以降は全柔連事務局強化課」は「平成20年７月から24年11月までは出納管理もY強化委員長」というのが、より正しい。

(3) 26ページ６行目：「直後に」は、「あとに」が、より正しい。他の箇所も同様。このような「強調的」な表現が他にも時々見られる。

(4) 27ページ最後尾行：『回収』等、実際の事務作業については、全柔連強化課の職員に行わせていた」は「『回収』等についての一部の連絡などは、全柔連事務局強化課に所属のE職員（全柔連職員としての本来業務は女子強化チーム担当）に直接に指示して行わせていた」というのが、より正しい。

（補足説明）

① Y前強化委員長は、公（全柔連の本来の強化関係業務）と私（強化スタッフの互助会的組織の運営に関する作業）の区分をあいまいにし、強化スタッフからの拠出の受け入れという作業等を、廊下を隔てた役員室から「おーいE、ちょっと来い」と呼びつけ、E職員に私的・属人的な関係で行わせていた。E職員はいわば、ただのメッセンジャーボーイで、彼が、これは全柔連としての公的な業務ではないと明確に意識していたかどうかは別にして、例えば連絡メールにわざわざ、「Y強化委員長の指示により」という文言を添えており、事務局強化課としての連絡ではないことを示している。

② なお、「回収」という用語がいつ頃から一人歩きしたのか定かではないが、これは、もともと助成金の受給対象となった一部の強化スタッフが任意に拠出していた資金が、歴史を重ねて「慣習化」する中で、柔道界・柔道人にまれに見られがちな欠点のひとつでもあるが、分かり易いが粗雑に、あるいは偽悪的な表現として、「みんなでもらった金だ。回収だ」という程度の言い方になったのだと推察される。

(5) 31ページ最後尾行：「全柔連強化課からの電子メールにより、指導者スポーツ活動助成金受給者に限定されてなされていた」は「連絡対象者が増えたこともあり、E職員からの一斉配信の電子メールにより、指導者スポーツ活動助成金受給者のうちY強化委員長の判断で選定された特定の助成受給者に対してなされていた」というのが、より正しい。

(6) 32ページ2行目：「強化留保金の拠出がない場合、督促が行われ」は「強化留保金への入金がない場合、催促の連絡が行われ」というのが、より正しい。

(7) 32ページ3行目：「助成金の受領の有無と強化留保金の拠出の要否が連動していた」は「助成金の受領の有無と強化留保金への拠出が連動していることが多かった」というのが、より正しい。

(8) 32ページ7行目：「これらの事実を総合考慮すれば、強化留保金の原資は振興センターの助成金であると特定でき、また、資金拠出者が完全な自由意思により資金を供出しているとも言えず、強化留保金の管理に全柔連が組織として関与していたと言わざるを得ない」というところは、「これらの事実を総合考慮すれば、振興センターから個人に対して直接に交付された助成金の一部が強化留保金の原資の多くを占めるようになっていたことは状況的には明らかであり、また、強化委員長から指名されて拠出を求められた助成金受給者が過去からの慣例的なものと認識して拠出していたふしが伺える。しかし、強化留保金の制度そのものは、全柔連の組織の外にある独立した私的な制度であり、強化留保金の管理者と資金拠出者の間だけで成り立っている制度である。全柔連が組織として関与する余地はなかった」ということが正しい。

（補足説明）

①「強化留保金の管理に全柔連が組織として関与していたと言わざるを得ない」という評価は間違いである。強化留保金の管理に全柔連は組織として関与していない。この表現のままでは、「強化留保金についての一時期の異常な管理の実態が、そのまま全柔連の組織としての管理実態でもある」と世間に間違って伝播される可能性が大きく、それは、全柔連としては、とても耐えがたい。

② 強化スタッフの私的な互助会的制度である強化留保金の管理者が、個人助成を受けた指導者等に働きかけて資金の拠出を求めたということである。

③ 強化留保金の管理を強化委員長が行っていた意味は、全柔連の強化の最高責任者でもある委員長の職にあるものが強化スタッフを代表して私的な資金の管理をしていたということである。「強化委員長」という肩書きがある人間が管理をしていることをもってただちに「全柔連が組織として関与している」ということでも、もちろんない。

④ 助成金の使い方の問題として、強化留保金へ拠出は「経費」支出ではなく、助成金の不適切な使用と指摘されているが、従来から、謝金的、もらい切り金と誤認して、拠出にも充てていたのである。このことは、強化留保金の仕組みの問題ではなく、拠出者サイドにおける助成金の使途の問題である。

⑤ また、Y委員長時代はその資金の管理が極めて非常識、杜撰であったが、これに伴う

問題は、資金管理者である強化委員長と拠出をしてきた強化スタッフの間の問題である。

⑼

32ページ12行目：「全柔連における強化留保金の仕組みは、社会通念に照らし明らかに不適切であった。そして、このような不適切な行為が組織として行われていたにもかかわらず、それを防ぐことができなかったことは、全日本柔道連盟の組織のガバナンスとして大きな問題があったものと言わざるを得ない」というところは、「強化スタッフの互助会的資金である強化留保金は、Y委員長が管理をしていた時代（平成19〜24年）は、その管理は極めて杜撰であった。強化スタッフの間で私的に運営されてきた仕組みではあるとはいえ、この間の管理の実態は、社会通念に照らし不適切であるといわざるを得ない」という認識が正しい。ここには、全柔連としてのガバナンスの問題はほとんど介在しない。

３「強化留保金」は全柔連の「裏金」ではない

今回全柔連が第三者委員会に調査を依頼したのは、『スポーツ報知』３月14日一面スクープ記事「全柔連今度は裏金疑惑　助成金の一部不正徴収」および同22日の一面スクープ記事「全柔連理事助成金を不正受給疑惑」が発端となっている。そして、強化留保金に関する調査のテーマは、「『強化留保金』なる仕組みは適正か」となっている。つまり「強化留保金が全柔連の裏金かどうか」ということである。これまでの調査の結果、「強化留保金の管理者が、個人助成金の受給者からその一部の資金を徴収して口座残高を増やし、その資金の管理・使用実態は極めて杜撰であった」ということが判明した。これが、「強化留保金の管理に全柔連が組織として関与し、強化留保金の仕組みは、社会通念に照らし明らかに不適切であった」との中間報告となり、「第三者委員会　全柔連組織ぐるみ助成金の強制徴収　認定（『朝日新聞』）」という記事につながっている（受給に関する問題では、「第三者委『全柔連は順法精神欠如』〈『産経新聞』〉」）。『スポーツ報知』の記事が裏付けられたということであるが、これは事実とは違う。「強化留保金」は、全柔連の組織としての資金入出金に関係がなく、従って簿外の資金でもない。強化スタッフだけで管理している、私的な資金である。

4 今後は個人助成についても全柔連にて管理していく

ただ、公益財団法人に移行した全柔連としては、今後はこのような事態が発生することのないように、個人助成事案とはいえ、資金の使途などにも注意を払うべく、助成金審査委員会審議の対象としていくなど、再発防止策を講じていくこととなる。

II　全柔連が組織として遵法精神が欠けているとの指摘について

1 個人助成への対応をもって「全柔連の遵法精神の問題」と結論づけるのはおかしい

個人助成の、制度としての中途半端さに加え、全柔連の対応にも不十分な点があったのは事実であるが、これをもって、全柔連が組織として遵法精神が欠けていると思われるような表現は改めてもらいたい。

(1)

遵法精神に関し、まず職員個人レベルで全柔連の職員の資質としては、性格的に生真面目な人が多い。職員個人に遵法精神が欠落しているかというと、そのようなことはない。昨今の世間一般レベルに照らすと、むしろ律義で誠実ではないかと思う。ただ法務等についてはアマチュア集団であり、特に若い職員は、仕事の経験も浅く、厳密に、客観的に、法律や規則に照らして判断するという習慣が身についているわけではない。とりあえず過去の前例の積み重ねがルールであり、分からないところは所管の行政部門に聞いてそれがルールとなる。知らないことばかりなのでJOCやJSCに聞くことに躊躇はなく、逆に全面的に頼ってしまいがちである。「手続きの手引き」にも、JOCが推薦を決定すること、「助成金の交付（支払い）は、活動完了後に提出される実績報告書を審査のうえ、助成金の額を確定後に行います」とあり、審査を得て承認されたことがそのままルールになる。

＊仮に例えて言えば、助成対象者から問い合わせがあった場合、強化課の事務手続きの窓口担当者がＪＳＣなどに対し、「支出が余ったらどうしたらいいですか」と照会し、もしその場の話で「後の事務処理が煩雑になるから、使い切ってもらった方がいいですがね」と回答をもらい、また、収入と支出の金額が一致しない書類を提出して「収支の数字が合っていませんよ」との指摘をもらったりすると、次からは、これらに関しては、「使い切って収支の数字を合わせること」がルールだと認識し、これをしっかり守ろうとする。

⑵

全柔連は、公益事業だけを行っている法人であり、職員も、もちろん利益意識など毛頭なく、収入の確保やコスト意識なども、残念ながら皆無に等しい。決められたことを、手間暇を惜しまず、とにかくきちんとやろうとする姿勢がその基本にある。また、全柔連は国費等からの助成金と企業等からの支援金、全柔連に登録していただいた柔道人からの会費収入など、人からいただくお金に頼って運営しており、事務所賃料経費節減もあって特別な会長室もないくらいだが、かといって、法律や決められたことをないがしろにしてまでお金をもらおうなどというマインドは、もちろん、まったくない。

(3)

従って、行政からルールが明確に示され、その都度行政からの指導もしっかりとなされている団体助成などについては、調べていただくとわかるが、まず、指示通りに、法的にも厳密に手間暇をいとわずに対応している。つまり、団体助成は、対象が全柔連であり、入金先も全柔連であるため、多少なりとも専門的な知識とマインドを持つ経理や総務部門、助成金審査委員会が関わり、遵法精神を第一に処理していこうとする仕組みができている。そして、個人助成とはいえ、今回のように新聞に報道されたからではなく、ＪＳＣやＪＯＣからきちんと問題として指摘を受けておれば、すぐに組織とし是正する。これまでなんの問題提起も指導もなかったから、それをしなかっただけである。今回の調査の結果問題があったということをもって、全柔連が組織として遵法精神が欠けているからだというのは、論理として飛躍がある。

(4)

一方、個人助成の対象は指導者個人であり、提出書類のとりまとめ等に事務局強化課の若い担当職員が事務処理的に関わるだけであり、ここでは、これまで通用してきたことをきちんとそのままやること、やってみて注意されたら速やかに直すこと、わからないことは聞いて理解したことをそのままやること、という程度の遵法精神しか働かない。手引きを配っていなかったのも、ただ単に、これまでもそうしていて何も問題がなかったからであり、指導者からの求めもなかったからである。窓口担当者から見れば、このことで、全柔連の遵法精神云々と大上段に構えられて責められることには、戸惑うばかりであろうし、もし自責の念を感じて思いつめたりすれば、それは本当に気の毒なことである。

(5)

個人に給付され個人が受益する制度ではあるが、たとえそうであっても、その制度の趣旨や規則を正しく理解し、法律や規則を守っていくように指導するのが全柔連の事務局職員の持つべき遵法精神とは思うが、実際本件で職員が対応する相手は柔道界の指導者層であり社会的な地位もしっかりした方々ばかりである。入職数年の若手職員がこれらの方を実際に指導するということはむずかしい。そもそも個人助成であり、受益者は指導者個人であり、受給者となって交付を受ける以上は、まずは当人が遵法精神をもって、正しい事務処理をしていくということが前提となるのではないか。

(6)

ただ、当該の指導者もほとんど、本連盟の強化事業に本業の時間を割いてボランティア的に参画して活動していただいている方々であり、性善説に立って運用されているというこの制度では、「善意の受給者」の方々の行う事務処理に対して、そこまで厳格な遵法精神を求められてはいなかったのではないか。

(7)

このような、運用が緩く、あいまいなところの多い個人助成の制度に接して、事務職員および助成対象者とも遵法精神も緩みがちになる。その結果生じた不具合な事象について、「全柔連が組織として遵法精神が欠けていたと断じられ」、「それを改善する仕組みを欠いていたガバナンスに問題があった」と指摘されている。言い過ぎではないか。

②個人助成に関する遵法精神については、ＪＯＣ・ＪＳＣにも問題なしとしない

役所が平素は柔軟な運用を指導しておいて、いざとなったら杓子定規を当ててくるということはままあることだから、それには耐えるとしても、そもそも法律を熟知し、これで生業としているはずのＪＳＣが、交付要綱・実施要項とは異なる柔軟な運用を認めるような手引書を作成し、また長年、一見しておかしな収支報告などきているのにそれを正していくような審査をしてこなかったことなど、その遵法精神のレベルはどう評価されるのか。またＪＯＣも、ＪＳＣに対する指導者推薦についての決定権を持つにもかかわらず、アスリートプログラムの内容を23年度にＪＳＣの運用が変わったあともそのままにしていたこと、事務量が多いために推薦を決定するために行うべき審査業務を怠ったことなど、その遵法精神はどう評価されるのか。

いずれにしても、木を見て森の状態を判断されたような、遺憾な感情は拭えない。

3 全柔連として、さらなる遵法精神の向上に努めていく

以上は、個人助成の問題に関する調査だけとらえて、全柔連が組織として遵法精神を欠いている、と読まれかねないような表現に不満があったため、その理由や背景となることを述べたが、個人助成とはいえ全柔連の組織としての遵法精神を発揮できるようにすべきとの指摘自体は、今後とも、公益財団法人として、より高いレベルでのコンプライアンスとガバナンスを追及してきている本連盟としては、重く受け止めているところである。

＊今回の個人助成金の受給を巡る遵法精神の問題とは、例えて言えば次のようなことか。
交番の前の交差点で、黄色の信号でもいつもそのまま走り、何年も交番のお巡りさんからは注意されなかった運転手が、安全講習を受けているし交通教本も持っているが、ふと気になって、交番のお巡りさんに、黄色信号はどんな意味かと聞くと、「注意だ」とのこと。「そうか、やはり今までどおり、注意して走るということでよかったのだ」と思いそのまま、また何年もその交差点を走っていた。ある日、誰かが、どういうつもりかは分からないが、地元の新聞にこのことを話したので、交差点付近の地元で大きな話題となった。そして、交通課のおまわりさんが現場の交差点で見張ることになり、その中で運転手はいつものように黄色だからとそのまま気をつけながら交差点を走り抜けた。すると今度は、所

轄の警察の刑事が運転手の所属する会社に来て、「お宅の社員の車の走行は交通違反の疑いがある。黄色信号は止まれという意味だ。社員にこういう運転をさせていたのは、お宅の会社に、法律を守るという気持ちがないからだ」。本当にきちんと止まろうとすると、同じように走っている他の車から追突される恐れが高いことは、どのお巡りさんも分かっている。会社は、違反といえば違反だろうからと、これまでの無知と社員への管理・指導不足を恥じつつ反省する。今は通常の運転では急ブレーキをすることも禁止されているようなので、交通ルールを厳格に守ることで多少交通渋滞を引き起こすことになっても仕方がないと、これからは十分な車間距離をとり、信号機が見え出すと速度を落とすなど、さらに安全な運転をしていくということになる。

４「全柔連が組織として遵法精神を欠いていた」ととられる表現は直して欲しい

以上により、中間報告書における23ページの８行目：「全柔連は、組織として、公金である指導者スポーツ活動助成金の適切な受給を確保しようとする遵法精神を欠いていたと断ぜざるを得ない。また、そのような遵法精神の欠如を改善する仕組みを欠いていた点において、全柔連のガバナンスに問題があったと指摘せざるを得ない」は、「全柔連は、指導者スポーツ活動助成金が、全柔連（組織）が受給するものではなく指導者等（個人）がＪＳＣから直接に受給するものであり、またこれまでＪＳＣやＪＯＣから特別な問題指摘もなかったことから、受給者がより適正な受給をしていくために必要な指導等に思いが及ばなかったものと言える。ただ、個人助成であるとして当初より助成金審査委員会の審議対象になっていなかったことなど、全柔連のガバナンスの面では甘さがあったと言わざるを得ない」というのが正しい評価だと思う。

Ⅲ　最終報告に向けてのお願いなど

①ふたつの問題の性格等の違いを踏まえて、分析・評価をいただきたい

全柔連としては、今回の問題はふたつあり、ひとつは個人助成の受給に関する問題と、今ひとつは強化留保金問題であり、個人助成で受給した資金の一部が強化留保金の原資になっていったということに、ふたつの問題の接点があると認識している。以下のような、ふたつの問題の性格等の違いを踏まえて、評価をいただきたい。

(1)　問題は、①受給そのものの問題、②受給した資金が強化留保金に流れた問題、③強化留保金の管理の問題の3点あるのだが、中間報告では、①については、主として全柔連の遵法精神の問題とし、②と③を、拠出された助成金＝強化留保金として、全柔連の問題として一体に論じ、強化留保金の仕組みおよび資金の管理に全柔連が組織として関与していたとしている。

(2)　ふたつの問題は、そもそも、その基本的な性格が大きく異なる。前者は、個人助成であり全柔連に入金するものではないとはいえ、公金からの助成金受給という極めて社会性・公共性の高い問題である。後者は基本的には、一旦個人が受給して自分の懐に入ったお金の一部を強化留保金というこれまた私的な資金に拠出したという、資金の集め方を含むこの管理と使途の問題である。構造的には、強化留保金制度を構成している、管理に当たる強化委員長と強化スタッフの問題である。

２ 中間報告での「助成金問題」と「強化留保金問題」の扱いへの印象

中間報告段階での「助成金問題」と「強化留保金問題」の扱いについての印象は次のとおりである。

(1)　今回の中間報告では、「助成金問題」については、指導者助成金についての制度上の問題点が相当明確になった。そして、個々のケースについての適正・不適正の判断は、最終報告で示すとしている。全柔連は、これまで容認されてきた運用実態に照らし問題はないと思っている。ただ今度はこれを、今回調べてみて判明した、制度の本来の趣旨なる考え方、特に23年度以降の新しい指導基準に照らして、後追い的に、厳しい判断をくだされるようなことになるのではないかと心配している。

(2)

全柔連の強化チームは、ナショナルチームの強化選手たちに対して50名に及ぶスタッフがひとつのチームとなって指導・サポートに当たっている。その成果が上がって選手が国際大会で好成績を収めエリート指定の選手が増えると、それに伴って助成を受けられるスタッフも増える。複数の選手に複数のスタッフが員数枠的に張り付くような形で助成対象スタッフに選定されているところもあり、考え方としては、スタッフの間に、強化チームを支えるスタッフとしての基本的な差はない。自己申告のアンケート1枚で、運よく選手とつながりが高かったスタッフなどは受給適正と判断され、たまたま選手との縁が薄くて受給不適正とされたスタッフは、世間的には「不正受給」の指弾を浴び、職場にも家族にも気まずい思いをさせることになる。不名誉なことにもなる。元来何の罪もないスタッフ個人にとっては不合理で不公正な仕打ちになるであろうという危惧は禁じえない。

(3)

「強化留保金問題」については、強化留保金が、そもそも前述1－(2)のような位置づけにあるという視点が抜け落ちたまま、「全柔連の強化留保金」の問題として位置づけられ、全柔連の不適切な行為・ガバナンスの問題の分かり易い事案として結論を出されてしまった感がある。たった一人の常軌を逸した人物により、公私混同、不適切な管理状態に陥ってしまっていた時期のあった、私的制度である強化留保金の問題をクローズアップして、「全柔連の法人組織としての問題を厳しく問う」ということになっている。

③最終報告に向けて、客観的かつ公平な評価をお願いしたい

全柔連の公益財団法人としての立ち位置から見れば、社会性・公共性の高い個人助成の問題について、全柔連の組織としての遵法精神が厳しく問われ、その結果、助成対象指導者の範囲の問題、使途の問題ともに不適正なところがあるとして、個々の受給者への厳しい評価とともに、全柔連も厳しい処分を受けた場合、その理由によっては、これを重く受け止めざるを得ないと思う。従って、この評価に当たっては、他の競技団体の「遵法精神」なるものの実態も十分に踏まえた上で、特に慎重な調査と分析を行った上で対処いただきたい。「強化留保金」の問題については、最終報告においては、強化スタッフの互助会的私的資金であったとの認識を示していただきたい。

＊他の競技団体の指導者個人助成についての具体的な実態調査は、時間も限られており、そうあまねくはできないと思うが、4月29日号の『AERA』の記事で、氏名こそ伏せられているものの、柔道のM選手の担当スタッフ（M氏、M氏）の例が出ていた。これに倣い、

最低限でもロンドン五輪の金メダリストをサンプル的にピックアップし、指導者助成金受給資格、助成金の使途の実態を具体的に比較・検証しておいてもらいたい。

4 事案の真相、問題の本質に迫り、的確・適切な評価をしていただきたい

最終報告に向け、事案の真相、問題の本質に迫る調査と分析をしていただき、的確・適切な評価をお願いしたい。

(1)

先の暴力的指導問題における第三者委員会の報告により、「柔道界は、柔道人だけの価値観に染まった、普通の世界とは別物の非常識な世界になっており、全柔連のコンプライアンスとガバナンスにも問題がある。自浄能力もない」ということが世の中のコンセンサスとして形成されている。このイメージと、これを後押しするメディアと「世論」に判断を左右されることなく、この事案はこの事案として、極力、先入観を排した、白紙の状態からの検証・分析をいただきたい。

(2)

一部メディアの、表層的かつ興味半分の報道が続く中で、全柔連のイメージは地獄の底まで

落ちてしまったが、なお全柔連としてのこれまでの法人運営についての誇りは失っていない。このまま汚名を帯びたままに終わっては、全柔連はさることながら、柔道界およびこれらの事案に関わった柔道人・柔道関係者個々人の名誉と信用にもかかわる。最終報告に向けて、事案の真相、問題の本質に迫っていただき、全柔連としての「助成金受給の問題」と、強化スタッフの互助会的組織としての「強化留保金の問題」を、より的確に判断・評価していただくようにお願いしたい。

⑶

また、もっとも基本的なことであるが、お金の問題を扱う場合、誰の財布の金の話かということを真っ先に押さえておく必要がある。既に縷々述べたが、今回の問題は、全柔連（親）が生み落とし、今は自立した生計と人格を持つふたりの息子（「指導者助成対象者」と「強化留保金制度とその管理者」）のお金を巡る問題である。財布は三つあり、いくら親でも、自立して生計を営む息子の財布の管理はしない。ふたりの息子の財布の金と管理に問題があると言われているのなら、まずこれについてよく調べていただき、次に、親として世間様に対してどのような姿勢をとるかという問題である。全部、親の金、親の財布の管理の問題として扱うことは、正しくない。こと金に関しては、親と子は他人である。このことを押さえた上で、問題の解明に当たっていただきたい。

Ⅳ　その他（メディアの報道と事実関係のギャップの解消）

①柔道女子暴力問題におけるメディア報道でのイメージと真相のギャップ

本件には直接関係しないが、メディアに報道があって問題として表面化し世間を騒がせているという意味では、先に社会問題化した、柔道女子ナショナルチームにおける暴力的指導問題も全く同じような経過と構造にある。

(1)

暴力的指導問題の事実関係に関し、メディアに報道される前に行っていた本連盟での内部調査、1月30日にメディアに情報が流れたあとの、2～3月の第三者委員会での調査（3月12日付「ナショナルチーム女子選手暴力的指導に関する第三者委員会報告」）、3月のＪＯＣによる調査（3月19日付「処分決定通知書」）、4月に公表された警視庁でのＳ監督に関する調査結果（4月27日付『朝日新聞』記事による）によれば、いずれもほぼ同じ内容で、暴力的指導の全貌は以下のとおりであった。

① Ｓ監督は、２０１０年から２０１２年の間に、Ａ選手に対し7回、Ｃ選手に対し1回暴力的指導を行い、他の複数の選手に暴言を吐いた。Ｔコーチは、自分の所属の選手である

B選手に対し2回暴力的指導をした。両者とも他の選手に対する暴力的指導はなかった。また、他のコーチには暴言・暴力はなかった。

②　15名の中にA選手が入っていないことは、第三者委員会の調査により初めて明らかになった。つまり15人の選手が監督・コーチに対する暴力・パワハラ問題を連名で訴えたが、その中で実際に暴力的指導を受けたのは0〜2名の選手であった。

(2)

昨年9月29日にY広報委員会副委員長（JOC理事：女性アスリート専門部会長）がS副会長にS監督の暴力的指導について初めて通報して以降、S監督は昨年11月初めの段階では、暴力的指導についてその非を認めて深く反省し、柔道指導者としての再起を心に誓っていた（「第三者委員会報告書」5ページ：「S前監督は、その後、指導法を改めようと決意し、強化委員会の総務統括ディレクターに対し、指導者講習会の受講を願い出たり、自らが直接選手に指導することを極力抑え、担当コーチに指導させるなど、指導の改善を試みるに至った」）。

(3)

一方、S監督とA選手の間では、11月28日の段階で一応の解決を見ていた（「第三者委員会報告書」5ページ：「11月28日、グランドスラム東京大会の折、A選手は多数の全柔連強化スタッフに促され、今後ともS前監督の下で指導を受ける旨の意思表示をした」)。

(4)

その後、柔道女子ナショナルチーム15名の連名によるJOC女子スポーツ専門部会宛ての「全日本柔道連盟女子ナショナルチームにおける暴力行為を含むパワーハラスメントについて」という書面(11月11日付)が、約1カ月後の12月4日になってJOCに届き、12月10日になってJOCより全柔連にその写しが届いた。

(5)

全柔連にて、年が明けた1月19日までの間に、事実関係の調査、関係者の処分を行い、ナショナルチーム指導者へ注意と指導および選手へのお詫びの場をそれぞれ設け、経過等も説明した。そのあとすぐに、12月末の中間報告に続いて、JOCに対して文書にて2度目の報告をした。全柔連としては、これで前年9月29日から対応に取り組んでいた暴力的指導問題は、一応解決したと認識していた。

(6)

その後、メディアがJOCなどに取材をしたようで、1月30日に、全柔連にとっては寝耳に水であったが突然、15人の女子選手がＪＯＣに訴えていたということが一斉に報道されるところとなり、その後、現在まで続く「全柔連柔道女子暴力的指導問題」に発展し、世間を騒がせてきた。

２　メディア報道と一線を画した、毅然とした真相解明をお願いしたい

暴力的指導を肯定したり、事件を矮小化するわけではないが、一連の報道を通じて想像させられていたような、15名の選手が監督・コーチ陣にボコボコに殴られているようなイメージのインパクトが大きく、確定された事実関係を知って、そのギャップの大きさに驚かざるを得ない。この柔道女子暴力的指導問題とメディア報道の関係を経験し、事実関係を正確に把握し、一部のメディアの偏った関心や無責任な世論に不必要に右往左往すること、自信をもって、なるべく早く自らの言い分もメディア等に公表していくことの重要さを実感している。発信力ほぼゼロの全柔連に代わって、第三者委員会においては、メディアの報道とは一線を画した、正しい事実関係と評価を提示いただき、このギャップを解消していただくことを希望する。

（お願い）

本上申書を実名で開示することはやぶさかではありません。

ただ、昨年8月にロンドンオリンピックが終わり、次期強化体制が論議され出したあたりか

ら、全柔連内外に不協和音が響き、9月29日に暴力的指導問題についての通報があって以降、特に1月30日にメディア報道がなされたあたりから今日まで、全柔連のU会長をヒール役に仕立てようとする何か巨大な力が、メディアや一部の人を後ろで操っているような感じがしています。長く続いている全柔連バッシングによる被害妄想か、極端な思い過ごしかとも思いますが、変に巻き込まれたくないという気持ちはあります。市井に静かに暮らす一庶民であり、メディアがスクラムを組んで全柔連に攻め込んできているような中で、変に関わりをもってメディア・ハラスメントにあうのも怖い。

今回は、何を言っているかが問題で、誰がそう言ったかは大きな問題ではないと思うので、全柔連の外に出す場合は、本文はそのままでいいので、肩書き・氏名のところの墨消しをお願いしたいと思います。また、メディアやホームページなど、一般の目に触れる場に公開する場合は、関係者の実名を伏せるなどの格別の配慮をいただきますよう、お願いいたします。

以上

第3部

その後の全柔連：「指導者個人助成金問題」に関する全柔連内部通報事案の顛末

（平成26年7月30日）

■はじめに

私は、「全柔連の一連の不祥事」事件に関連し、平成25年12月４日に、公益財団法人全日本柔道連盟（全柔連）監事山口香氏の指導者個人助成金問題について、全柔盟の職員として、全柔連の内部通報制度に沿って問題提起をしました。

しかし山口氏は、疑惑を指摘された日本スポーツ振興センター（ＪＳＣ）の指導者スポーツ活動助成金の使途に関する事実関係について、最後まで黙秘を貫きました。

結局、助成金不正受給について極めて濃厚な疑いを持つ監事が、その指摘された問題点に対して何の説明をしないままに見過ごされるという結果に終わったわけです。

本事案に対する全柔連執行部の一連の不可解な対応には、それなりの内部事情もあるようですが、山口氏の対応そのものも、公益財団法人の監事職にある者にあるまじき態度・姿勢であると思います。

私は平成26年１月10日付をもって全柔連を退職しましたが、本事案は、「全柔連の一連の不祥事」事件に密接に関わる問題でもあり、本件への全柔連の対応の仕方を見ることで、新生全柔連執行部の体質と、その本質がどのようなものであるかを計る「試金石」になるとも思い、退職後もこの問題をフォローしてきました。

そして、この問題の審議を要請していた平成26年6月30日の全柔連の評議員会の結果を経て、私なりに、全柔連における山口香監事に関する事案としては一応の区切りとすべく、後述第1章のとおり、これまでの経過と結果をまとめておきました。

新生全柔連は、新執行部によるパフォーマンス的な緒施策の打ち出し方も奏功し（「柔道MINDプロジェクト」など）、順調に推移しているように見えます。

しかし、今回の通報事案への対応という「試金石」により直接に体験した限りでは、今の段階では、その体質は、「全柔連に官僚主義的な色彩が色濃く付加されたことにより形式的な事務処理等は整備されてきた反面、どこか陰湿で隠蔽的、権力主義的な臭いも漂ってきている」ように感じます。

なお、本事案は山口香氏の全柔連監事職としての適性・適否に関わる問題であり、「全柔連の一連の不祥事」事件のような過去の出来事ではなく、監事職に関わる、現在も進行中の問題です。また、私自身が直接の当事者であり、既に一部のメディアにより実名も公知となっていることもあり、本稿については、基本的に実名での記述としました。

1 指導者個人助成金問題に関する内部通報事案の経過

（平成26年7月30日）

(1)

全柔連における日本スポーツ振興センター（ＪＳＣ）助成金問題の内、「収支報告書」の問題については、平成25年6月21日に「振興センター助成金問題に関する第三者委員会」の最終報告書が出たときから、なぜ第三者委員会がこのような重大な問題に気づきながら具体的な問題として取り上げなかったのかと不思議に思っていました。

ただＪＳＣ助成金問題については、既に多くの指導者が各々の立場で謙虚に反省し、その身を処していることでもあり、このことについて改めて問題視するつもりはありませんでした。

(2)

しかし山口香氏については、自身にこのような事実があるにもかかわらず、世の中の人が誰もその事実を知る由もないと高をくくっていたのか、終始、助成金問題我関せずの顔で、全柔連の助成金問題がメディアで沸騰している最中の平成25年4月に、東京都教育委員会の教育委員に就任しました。

更に、こともあろうに、旧役員陣が退任した8月21日には、全柔連の新体制における監事に就任しました。

(3)

私は、全柔連の新役員人事が発表されたあとすぐの平成25年8月28日に、まず東京都教育委員会委員長・東京都教育長に、山口氏の教育委員としての適性・適否を問う手紙を送りました。

9月20日頃、東京都教育庁教育政策担当部長より返事があり、「教育庁は本件の当事者ではないので対応はできない」とのことでした。

山口監事自身は、この問題指摘に対し何の罪悪感を抱いておらず、全く反省をしている様子もありません。

(4)

平成25年12月4日に、私は、全柔連職員として全柔連コンプライアンスホットライン（内部通報制度）に沿い、「全柔連監事山口香氏の個人助成金問題への関わりについて」（後述第2章）の書面をもって、山口氏のこのような姿勢と意識は、公益財団法人の「監事」職としていかがなものかと問題提起を行いました。

(5)

普通なら、「全柔連の一連の不祥事」問題を受けて、コンプライアンスを強く意識しているはずの新執行部は、このような問題が指摘された以上、まず事実関係を確認の上、その結果によっては監事職という特殊な職務にあることに照らし、本人に対応を求める等のしかるべき対処をしていくものと思っていました。

しかしまったくのなしの礫で、回答期限としていた1カ月を過ぎても、通報事項についての何の連絡もありませんでした。

(6)

平成26年1月17日に執行部の宇野事務局長に対し、「評議員の皆さんに、山口氏に関して明らかになった新しい事実に基づいて山口氏の監事職としての適性・適否について判断をいただきたいと思っているので、評議員の方の名簿を確認したい」ということを連絡しました。

その後宇野事務局長と何度かメールでのやりとりをしましたが、宇野事務局長からは、「第三者委員会の結論を甘んじて受けた形になっており、それをぶり返して議論することの意味はない。柔道界をまた混乱に陥れるのか。評議員に意見書を配るのは避けて頂きたい」との意見があり、最後に1月24日に、「この件はもう終わっているので、（執行部としては）取り扱わない」との連絡がありました。

これ以降執行部は、私の方から、どのような照会をしても、質問をしても、一切対応をしなくなりました。

＊宇野事務局長は平成25年６月の理事会（当時は宇野氏は全柔連の理事職）で、当時の一連の不祥事問題に対する執行部の対応を批判する中で、「過去のことだからもういいじゃないかという考えもあるが、『総括』という考えがこの組織にはない。すべてを水に流して、第三者委員会に任せましたからといってスルーしてしまってはいけない。そうではなく総括が必要だ」と発言していました。

立場が変われば、発言も対応も様変わる、ということです。

なお私は、理事のこのような発言もあって、「一連の不祥事」問題の業務に携わった者の責任として、その後「『全柔連の一連の不祥事』に関する記録」として、『振興センター助成金問題に関する第三者委員会』最終報告書についての総括」等の記録をまとめました。

(7)

１月27日に、役員の人事権を持つ評議員会・評議員に対して、「山口香氏の監事職に関するご検討・ご審議について」の書面を送付しました。

(8)

執行部に対し評議員会で論議してもらうということを伝えたためか、急きょ1月28日に、コンプライアンスホットライン窓口担当の弁護士より「全柔連コンプライアンスホットライン通知票」により回答がありました。

通報の内容に関係する回答（回答2、第3章参照）として、「助成活動計画書の記入内容については、本連盟強化担当者がＪＳＣの発行している『交付決定手続きの手引き』を送付していた。これにより、受給対象となった多くの指導者が同様の記載をしており、山口監事個人の責任を問うのは適当でない」（原文のまま）とのことでした。

(9)

1月29日に、全柔連コンプライアンスホットラインに対し、回答に対する「追加質問・意見等」を伝えましたが（後述第3章参照）、これへの回答・コメントはなく、2月9日、「前回の回答のとおり」との回答がありました。

(10)

3月14日、全柔連の理事会が開催され、Ｋ理事が山口監事に疑惑を詰問しましたが、山口監事は終始沈黙したままであり、「匿名の通報などこれ以上理事会で取り上げる必要はない」との執行部の意見もあり、論議はそれ以上進まず、疑惑の解明は、何の進展もありませんでした。なお、これらの出席者からの発言や執行部の意見などは、一切議事録に記録されていません。議事録署名人のひとりが山口監事であり、削除されてしまったのだと思います。

＊「匿名の通報だから」というのは誤りです。私はコンプライアンスホットラインに対して、実名で住所、電話・携帯の番号、Eメールのアドレスも全て明らかにしています。全柔連の執行部に対しても、1月17日の段階で内部通報に関して実名で宇野事務局長とのメールのやりとりをしております。「コンプライアンスホットライン通報・相談受付票」に匿名・実名の択一欄があり、敢えて実名を希望することでもないので「匿名」に○をしたことが、理事会で取り上げない理由に利用されたということです。

⑾

3月27日に、新しい評議員に替わって初めての評議員会が開催されましたが、肝心の山口監事は欠席した上に、執行部の巧みな議事進行も奏功したようで、「山口監事は助成金を適法に使用したか」という問題の核心部分の論議はなされませんでした。

山口監事自身も評議員会に対して、「助成金が私的に使われたという記載がありますが、私を含め殆どの指導者は、ボランティアに近い形で指導を行っており、持ち出しがあるのが普通です。現在の柔道が支えられているのは、こういった指導者の努力です」という、「助成金の使途の問題」への追及を巧みに避けた、的外れなメッセージを伝えてきたのみでした。
ちなみに私は、山口氏が助成金をどのように使ったのかについての疑惑を抱いておりますが、その内容を知る由もありませんので、「私的に使った」などとはどこにも記述していません。山口監事が痛い腹を自ら探ったのだと思います。
評議員会の後、近石専務理事が「第三者委員会が既に問題なしと判断し、追加調査の必要もない」とメディアに説明していたようです（共同通信配信記事より）。

⑿
山口監事の問題は、ある意味、理事会を含む現執行部自らの問題でもあり、理事会・執行部は問題解決の当事者たりえないということも分かりました。このような場合にチェック機能を発揮するはずの評議員会も、期待した役割を果たしていただけるには至りませんでした。

⒀
山口監事自身も、「責任は全柔連にある」とか「自分だけではない」など、あれこれと弁明し、不都合なことには黙秘するという姿勢を貫き通し、ついに明らかにさせるべき肝心なことはうやむやのままにしてしまいました。
ただこれらの山口氏のコメントを受けた形で『週刊文春』は4月10日号で、山口監事の問題と併せて「世界の山下も」との脚注付きの顔写真とともに山下泰裕氏の問題も報じていました。

⒁

１月24日以降も、宇野事務局長にメールにて再三に亘っていくつかの質問や照会をしましたが一切返信がありませんでしたが、３月27日のメディアに対する近石専務理事のコメントや『週刊文春』での山口監事のコメント内容が、事実関係に即していかにも不可解なことが多いため、全柔連に対して４月３日付で正式に質問状を送付しました（後述第４章参照）。しかし、やはり何の回答もありませんでした。

これ以降に提出した第２回目、第３回目の質問とも返事はなく、あまりにも不誠実に過ぎるのではないかと思いました。

⒂

４月15日に評議員に、１月27日以降の状況報告と、再度、６月の評議員会での検討・審議を求める書面を送付しました。

⒃

４月17日には、東北６県の柔道連盟会長が連名で、先の理事会・評議員会での、山口監事問題に関する執行部の対応について異議を唱え要望書を出したようです。
これを全柔連執行部がどう扱ったかは知りません。その後特に動きもないようですから、なかなか力のいる仕事でもあり、山口監事問題を厳しく追及していたK理事が5月に急逝したこともあり、頓挫してしまったのかもしれません。

⒄
4月18日には、全国の都道府県柔道連盟・協会の会長に、今回の事案に関する経過を報告し、真相解明への協力をお願いしました。これまで近石専務理事や山口監事を通じてメディアに流されている情報に関する私の意見も伝えました（後述第5章参照）。

⒅
6月30日に評議員会が開催されましたが、山口監事問題に関する論議はなかったようです。前回の評議員会で結論が出ているということだと思います。

⒆
7月3日に、都道府県柔道連盟・協会会長に評議員会の結果を書面にて連絡しました。併せて、①第三者委員会の調査結果についての新たな分析（後述第6章参照）から、助成金

問題全般に亘って山口氏と山下氏（副会長）がほとんど同じような位置にあること、②このことが今回の事案に対する執行部の煮え切らない対応と何らかの関係があるのかもしれないということ、③不都合なことには黙秘を貫き、明らかにさせるべき肝心なことはうやむやのままにしてしまうという山口氏の態度・姿勢は潔いものではなかったが、山下副会長においては、全柔連の新しい運動である「柔道ＭＩＮＤプロジェクト」（後述第７章参照）に標榜する「礼節」、「高潔」、「品格」を備えた態度・姿勢を期待していること、④両氏は昨年、全柔連の中枢部からは少し距離を置いた立ち位置でメディア等外部に対し柔道界評論家的な発言を繰り返していたが、実は両氏とも「全柔連の一連の不祥事」についての極めて重要な関係者・当事者であり、その事実と責任に対する自覚を欠いたままでは全柔連の改革に取り組む資格はないということ、なども意見として伝えました。

⒇
７月30日に、それまでの経過や関連する資料を、「顛末のまとめ」として整理しておきました。

2

山口香氏の指導者個人助成金問題への関わりについて（内部通報書面の内容）

（平成25年12月4日）

(1)

全柔連監事山口香氏に、日本スポーツ振興センター（ＪＳＣ）交付の指導者個人助成金について、虚偽の報告書を提出して助成金を受領していた疑いがあります。全柔連は本年8月21日からの新体制においてコンプライアンスの強化を重点取り組み課題としておりますが、このような過去を持ち、そのことに何の反省も罪悪感を抱いていないようにみえる山口氏は、公益財団法人の会計監査・業務監査を担う監事の職にふさわしい人とは思えません。

(2)

「何の反省も罪悪感も抱いていないようにみえる」と申しましたのは、私は山口氏がこのような人の道に反するような不道徳・不誠実なことをしておきながら東京都教育委員会の教育委員の職に就いていることに疑念を抱き、本年8月から9月にかけて、東京都教育委員会に、このことについて問いただしてみたことがあるからです。

⑶

その時、東京都教育庁教育政策担当部長のS氏より、「山口委員に事情を聞いてみた。受給した助成金のうち全柔連強化委員会の『強化留保金』に拠出した分については全柔連が返還することになっており、また、その他の支出の報告については自分だけではなく他の指導者も同様の処理をしているとのことである。本件は全柔連内部の問題であり、東京都教育委員会は当事者ではないので、全柔連として何らかの措置がない限りは、東京都教育委員会として何ら対応はしない。全柔連にも内部通報の制度があるので、この制度を活用してみてはどうか」との見解をいただきました。このようなことから、山口氏は、この事案について、他人事のように、何の反省も罪悪感も抱いていないと思った次第です。

⑷

本件は過去の事案であり、全柔連の定める内部通報制度の目的とするところとはやや異なりますが、一方で、今後の全柔連のコンプライアンスのあり方に重要な役割を果たすことになる監事職にある方に関する問題でもありますので、内部通報制度の趣旨に準じて、本制度により通報をさせていただきました。以下、通報の内容を詳述いたします。

⑸

本年（平成25年）3月、『スポーツ報知』に指導者個人助成に関する問題が相次いでスクープ報道されたことから、全柔連はこの問題について第三者委員会に委託して調査をすることとし、全面的に調査への協力をしていくこととなりました。私も全柔連事務局の一員として、第三者委員会に求められるままに様々な資料を収集し提供してきました。これらの資料の中で、山口氏も指導者個人助成金を受給していたことを知り、その時の申請書等に目を通すことがありました。その内容は驚くべきものでした。メディア等を通じて全柔連に関わるコンプライアンスやガバナンス、体質問題等を鋭く指摘し、厳しく改革・改善を求めている山口氏が、実はこの指導者個人助成金問題の当事者・渦中の人であるのみならず、全柔連がこの問題に関して遵法精神が欠如していたという状況に至る過程において、山口氏が全柔連の指導者のひとりとして極めて重要な地位を占めていたのではないかということを発見したからです。

⑹

指導者個人助成金問題について、山口氏に関する問題点は以下のとおりです。

① 山口氏は、平成19年度の1年間に受給した助成金１２０万円の中から、全柔連強化委員会の「強化留保金」に4度に亘り計40万円を拠出しています。もちろん、第三者委員会が

指摘しているように、これは助成金の目的外の使用であり、「不適切な使途」です。山口氏ほどの方が、強化委員長に命ぜられるままに何の考えも判断もなく唯々諾々と拠出をしたということではないと思います。ご自分の何らかの意思をもって拠出したのだと思います。この不適切・目的外の使途である助成金に関しては、平成25年８月９日付をもって、ＪＳＣ河野一郎理事長名により山口氏個人宛ての「助成金返還命令書」が全柔連に届いています。しかし、助成金受給のために山口氏が自ら作成しＪＳＣに報告した「収支報告書」には、「強化留保金」への拠出40万円を示す支出項目は見当たりません。

②　さらに、山口氏が作成・提出している収支報告書には、以下のとおり、その内容のほとんどが虚偽の報告であることを疑わせるに十分な、極めて不自然なところが多くあります。

ｉ　山口氏は平成19年度の初めにＪＳＣに対して「助成金交付申請書」を提出していますが、その時に作成している「助成活動計画書」の「資金計画」１４０万円の支出予定項目と予定金額が、年度終了後に提出している助成活動報告書の収支報告書の支出項目・金額と全く同一です。このような偶然は、普通にはありえません。

ii　収支報告書には、ＪＳＣの発行している「交付決定手続きの手引き」に記載のとおり、

「実費弁償」として実際にかかった経費を計上するはずなのに、山口氏の作成した収支報告書の記載は万円（一部千円）単位の記述です。実際に発生した経費を計上するのであれば、円単位で収支報告書が作成されるはずです。

iii　山口氏が作成した助成活動計画書の資金計画の内容は、もともとはＪＳＣが「選手用」として作成していたものを指導者用にそのまま転用して作成したと思われる記入例を転記したような内容となっています。選手と指導者はそもそも助成金の使途が異なるはずです。山口氏の作成した資金計画そのものが、実態を反映したものとは思えません。ちなみに四半期毎に作成・提出している「活動状況報告書」の内容も、担当の選手の活動状況報告書の内容をほぼそのまま転記したようなものとなっており、信憑性に乏しいといえます。

iv　山口氏は当時、全柔連の強化委員として、その活動に伴う実費経費は全柔連から支給されているはずであり、担当の選手の指導に関わる活動の経費として、全柔連の強化委員会の「強化留保金」に拠出した40万円を除いたあとの金額である年間１００万円もの実費がかかることは考えられません。支出の大部分は架空の経費計上であると思われます。

vi　ちなみに、山口氏が作成・報告している「資金計画」「活動状況報告書」「収支報告書」の内容を一覧で対比してみると、その活動経費の使用状況は、極めて不明・不明確な点が多いことが一目瞭然である。

(7)

以上により、山口氏の作成した収支報告書の内容全体が、ほぼ虚偽である可能性が極めて高いといいえます。山口氏は虚偽の内容の収支報告書を提出することにより、「その収支報告書が証拠書類に代えられる」という制度運用を悪用して、公金である１２０万円の助成金を受給していたということになります。

(8)

嘉納治五郎師範の説くところの講道館柔道の精神に精通し、高い倫理観を持ち、世の常識をわきまえ物事を熟知し、優れた知性・見識をお持ちである山口氏が、年間に１２０万円も交付される助成金の意味を知らなかったということは通用しません。

(9)

また、その就任に当たって欠格事由が明確・厳格に定められている公益財団法人の役員、それも監事という職に照らせば、今回の問題が直接に欠格事由には該当するところはないとしても、看過はできないことです。しかも本件は今回の全柔連の指導者個人助成金問題に直接的につながっている重要な事案であり、法的な判断以前に、道義的・倫理的な観点からも評価されるべき問題であると思います。そして、このような事実を知った以上、公益財団法人の職員として、あるいは助成金が公金であることから納税者でもある国民のひとりとして、看過してはいけないと思いました。

⑽

今回、一部の柔道関係者によるメディアへの情報リークにより、全柔連で慣行化していた指導者個人助成金への対応が社会問題化しました。しかしすでに平成19年の段階で、「元柔道世界女王」の肩書きを持つ山口氏のような全柔連の強化スタッフを代表するトップ指導者によって、このような不誠実・不適切な事務手続きが行われていたわけです。そのやり方がいつしか後輩の指導者や選手に引き継がれて慣行化し、これが今、会計検査院からも問題点として指摘されています。そして今回第三者委員会から全柔連の指導者個人助成金問題についての遵法精神の欠如が指摘されましたが、山口氏の過去のこのような悪先例がそれらの端緒となり、慣行の源を成すに重要な役割を果たしてきたといえます。

⑾

山口氏は、このような事実があるにもかかわらず、平成25年８月21日には全柔連の監事に就任しました。ＴＢＳテレビ番組『みのもんたの朝ズバッ！』で全柔連の評議員の皆さんの資質や能力を揶揄するなどメディアを通じて全柔連の体質を激しく批判していた山口氏ですが、自身のこのような事実については何の問題意識も反省も罪悪感も抱いていないということです。このようなコンプライアンス感覚の方が全柔連の監事職にあっては、今後の全柔連のコンプライアンスへの取り組み姿勢を問われかねないのみならず、真に十分な体質改善がなされるとも思われません。

⑿

今、世間では、組織の自浄作用が求められています。全柔連として改めて山口氏本人への聞き取りなどにより経費支出の実態等について調査し、事実関係を確認していただきたいと思います。そして、これに対する全柔連としての評価・見解と、山口氏に対する今後の対処の考え方（場合によっては辞任勧告等）について、１カ月後程度を目途に書面あるいはE-mailにてご連絡をいただければと存じます。

⒀

最後に赤堀先生にご相談とお願いがあります。私は法律の専門家でもありませんので、前述のとおり、一般常識レベルの意見しか述べることができません。法的な理解や認識について勘違いや間違いも多いと思います。法律専門家の観点から、誤り等について忌憚なくご指導・ご指摘をいただければと存じます。よろしくお願い申し上げます。

３　全柔連からの回答に対する追加質問・意見等（平成26年1月29日）

全柔連からの回答＊に対し、平成26年1月29日、以下のような内容の追加質問・意見等を送付した。

＊全柔連からの回答内容

「調査を実施いたしました結果、添付の通り告発対象者につきましては責任を問うのは適当ではないとなりましたことをご報告いたします。」（原文のまま）

（添付の回答の内容）

（３項目あるが、「収支報告書」への疑惑に関する回答は、２）

「２　助成活動計画書の記入内容については、本連盟強化担当者がＪＳＣの発行している『交付決定手続きの手引き』を送付していた。これにより、受給対象となった多くの指導者が同様の記載をしており、山口監事個人の責任を問うのは適当でない」（原文のまま）

問題提起をしたのは、「助成活動報告書」の中の「収支報告書」への疑惑に起因することであったが、「助成活動計画書」についての回答しかなく、この回答書だけでは、「回答がなかった」ということになる。

まさか、これほど不誠実な回答をするとは思っていなかったので、回答を受け取った段階では、「助成活動計画書」を「助成活動報告書」と読み替えて理解し、以下のとおり、全柔連に対し、追加質問・意見等を行った。

1月28日午後に、「通知票」を受領しました。その内容については、予測を更に下回る、内容のない、誠実さに欠けるものでした。

そもそも、

① どういう調査をしたのでしょうか。誰がいつ何を山口氏に聞き取りし、どういう手順・手続きを経て対応についての決定に至ったのでしょうか。

② 「調査に対する全柔連の対応」についての決定者は、全柔連の組織の中で誰なのでしょうか。宗岡会長、近石専務理事、宇野事務局長、なんらかの調査委員会の委員長、担当の理事、コンプライアンスホットライン受付担当の赤堀先生等、どなたなのでしょうか。これは、公益財団法人のガバナンスに関わることです。

③「責任を問うのは適当でないとなりました」という、日本語としてなじみにくい、複雑・曖昧な言い回しになっています。これは、どなたかが「責任を問うのは適当でない」と判断し、その判断をコンプライアンスホットライン受付担当の赤堀先生が「となりました」と承認して、通報者に事務連絡として報告をしたということでしょうか。

予測を更に下回る、誠実さに欠ける回答と申しましたが、以下にその理由、その他感じたことを述べます。

■ 回答の2について

山口氏が、回答にあるように「交付決定手続きの手引き」の送付を受けていたのであれば、山口氏は制度の趣旨もよく知っていたということになります。経費の報告についても「手引き」には「助成金の支出に当たっては、公的資金であることの自覚を持ち、明朗かつ効率的となるよう心掛けてください」との記述があります。その場合にまずなすべきことは、正しく、誠実に記載、報告するということです。

他の「多くの指導者が同様の記載をしており」として責任を免れようとするのは、思いもよらずスピード違反でパトカーに捕まったときに、おまわりさんに、「制限速度は知っているが、多くの車が同様のスピードで走っており、私個人が責任を問われるのは適当ではない」と往生際の悪い言い訳をしているようなものです。こんなことが、職務に忠実なおまわりさんに対して全く通用しないのは、多くの人が経験済みです。

もし山口氏自身がこのような弁明をしているのであれば、せっかくの「女姿三四郎」の異名・名声が泣きます。また、物事を客観的に評価すべき全柔連がそのような判断をしているのであれば、それこそ「遵法精神の欠如」あるいは「軽視」が、改めて問われるのではないかと思います。

山口氏は、他の指導者とは立ち位置が全く異なります。他の指導者については諸般の事情を勘案してその責任を問わないとしても、山口「監事」については、その責任の重さを見逃すべきではないと思います。

この問題は決して過去の問題ではありません。19年度受給分について平成25年8月にＪＳＣより返還命令書が出されましたし、ＪＳＣからも平成25年7月22日付文書で、「資金計画」と「収支報告書」の内容が全く同じである選手・指導者に対して、実態に関する質問表への回答と領収証等の証拠書類提出を求める追加調査が来ています。

今でも、山口氏の柔道界の後輩たちにこのような形で調査が行われているのです。

以上により、回答2における「山口監事個人の責任を問うのは適当でない」との、全柔連（執行部？・）の結論にも、取り組み姿勢にも、全く納得できません。

本来は、このような問題提起、指摘は監事が行うべきことなのに、実に残念なことです。

4 全柔連に対する質問について（平成26年4月3日）

①「第三者委員会が既に問題なしと判断し」とありますが、平成25年6月21日の最終報告書のどこに、そのような趣旨のことや、具体的な記述があるのでしょうか。

＊最終報告書28ページ5行目には、「指導者スポーツ活動助成金は謝金ではなく経費助成であるという性質からすると、活動計画書及び活動報告書に実態と乖離した内容を記載することは許されるものではない。しかし、助成対象であった全柔連の指導者から提出された活動計画書及び活動報告書の内容は実態と乖離しており、問題があったと言わざるを得ない」とあります。

② 山口監事は、かねてより「全柔連の隠蔽体質」の改革として「理事会の公開」を主張していましたが、平成26年3月14日の理事会はメディア等に公開されなかったようです。今後は公開していくのでしょうか。

③ これまで評議員会は、原則としてメディア関係者の傍聴を認めていましたが、平成26年3月27日の評議員会はメディア関係者の傍聴を認めたのでしょうか。認めていなかったとしたら、なぜ今回は傍聴を認めなかったのでしょうか。

④　3月14日の理事会および3月27日の評議員会とも議事録は一般の閲覧可と思いますが、その議事録には、山口監事問題に関する執行部からの説明や理事・評議員の発言等の記録はあるのでしょうか。ないのなら、なぜ記録しないのでしょうか。

⑤　最も重要な指摘事項（山口監事の虚偽の収支報告の疑い）に回答が得られないのでは、内部通報制度の意味がありません。引き続き、山口監事の収支報告についての事実関係の解明など、納得性のある回答をいただけるように努めていただけると思っていますが、いかがでしょうか。

⑥　山口監事はスポーツ振興基金助成金交付要綱第24条（助成活動の公開等）の存在およびこの条項の意味するところを知っているのでしょうか。

＊交付要綱第24条「助成活動者は、助成活動の実施状況及び実施結果並びに助成金の使途に関する情報を公開するものとする。」

⑦　山口監事は、4月3日発売の4月10日号の『週刊文春』によりますと「第三者委員会の最終報告書はご覧になりましたか？　読んでいただければ分かりますが、『全柔連の職員が指導して書かせたもので、個人的な責任はない』ということになっているんです。」と述べたとされていますが、最終報告書のどこに、そのようなことが書かれているのでしょうか。

5 全柔連執行部・山口監事のメディアへのコメント内容についての意見

（平成26年4月18日）

(1)

全柔連執行部近石専務理事の4月3日発売の『週刊文春』（4月10日号）でのコメント「第三者委員会が既に問題なしと判断し、追加調査の必要性もない」について。

① 最終報告書28ページ5行目には、「指導者スポーツ活動助成金は謝金ではなく経費助成であるという性質からすると、活動計画書及び活動報告書に実態と乖離した内容を記載することは許されるものではない。しかし、助成対象であった全柔連の指導者から提出された活動計画書及び活動報告書の内容は実態と乖離しており、問題があったと言わざるを得ない。」とあります。

② 「平成25年7月22日付のJSCの文書」において、JSCが、会計検査院から指摘を受けて、山口監事と同じケースの活動計画書・活動報告書を作成している選手・指導者に対して追跡調査を行っており、山口監事の活動計画書・活動報告書に問題があることは明らかです。

③　全柔連の指導者個人助成金問題について、第三者委員会は最終報告書において、第3（論点と判断）として、①指導実態に照らしての受給資格の問題（いわゆる受給資格のシロクロ判定）、②受給手続きにおける組織的関与の問題、③「強化留保金」の問題の3点を取り上げており、①③については全対象者を個別に調査・判定・評価をしました。山口監事の収支報告書について具体的・個別な調査・評価は何ら行っておりません。

⑵

山口監事の4月3日発売の『週刊文春』（4月10日号）でのコメント「第三者委員会の最終報告書はご覧になりましたか？　読んでいただければ分かりますが、『全柔連の職員が指導して書かせたもので、個人的な責任はない』ということになっているんです。」について。

①　最終報告書では第3の2「活動報告書の提出手続きと全柔連の組織的関与」として、まず26ページ4行目に、「助成対象者に交付する交付決定通知書には、交付要綱及び関係規定の定めるところに従わなければならないと明記されていた」として、受給資格を得た指導者のなすべきことが明示されており、次に26ページ7行目に、「全柔連強化課は、助成対象者である指導者に対し、活動計画書及び活動報告書を作成し、提出するよう求めていたが、その際に、振興センターが作成・配布した活動計画書及び活動報告書の書式と、活

動計画書及び活動報告書の記載例を配布するのみで、手引きは配布せず、そもそも指導者スポーツ活動助成金がどのような性格の助成金であるのか、助成対象者に理解させる努力を怠った」として、全柔連強化課の指導の努力不足についての言及があり、26ページ下から6行目で「全柔連の事務局は、長年にわたり、そのような実態と合致しない活動計画書及び活動報告書について振興センターから指摘を受けることがなかったこと、提出期限が厳しかったこともあって、活動計画書や活動報告書の内容を吟味することなく、そのまま振興センターに提出していた」との実情・実態について記述があります。

最後に、27ページ下から2行目に、「受給手続きに対する全柔連の組織的関与の有無」についての「評価」として、まず冒頭に、「公金としての助成金の交付を受ける以上、受給者すなわち指導者が、助成金受給要件を十分に咀嚼し理解すべきであり」とあります。

② 収支報告書に関して、「全柔連の職員が指導して書かせたもので、個人的な責任はない」とのニュアンスの記述はどこにも見当たりません。全柔連の職員に責任転嫁をしているように聞こえます。

③ また、第三者委員会が「指導者個人の責任を問わない」としたのは、「指導実態がないのに受給していたと判定された指導者」と、「助成金の使途として不適切と判定された強化留保金への拠出をしていた指導者」のことであり、だから、これらの指導者の当該の受給分6055万円を全柔連が立て替えて返還したのです。山口監事が受給した助成金の内、

強化留保金への拠出分40万円を除いたその他の80万円の「使途の不適切さ（？）・不正受給（？）」について個人的な責任はないなどとは、どこにも書かれていません。前述のふたつのことに勝手に便乗して「個人の責任はない」などと責任逃れをしてはいけないと思います。

④「第三者委員会の最終報告書はご覧になりましたか？　読んでいただければ分かりますが」と、私は全てを知っているのだと言わんばかりの前置きをしていますが、これでは、こういうご自分のコメントをメディアに流すことにより何も知らない世間の目を欺こうとしている、と言われても仕方がないのではないでしょうか。

⑤　スポーツ振興基金助成金交付要綱第24条に「助成活動者は、助成活動の実施状況及び実施結果並びに助成金の使途に関する情報を公開するものとする。」とあります。山口氏は、筑波大学准教授という税金によって禄を食んでいる公人であり、東京都教育委員会教育委員、公益財団法人全日本柔道連盟監事という公職にある方です。疑義が指摘された以上は、制度の趣旨に沿って、記憶を辿りながらでも、公金である助成金の使途をできるだけ詳しく説明する義務があります。

(3)

嘉納治五郎師範は、柔道修行の究極の目的は、「精力善用・自他共栄」の精神により己を完成し社会に貢献することである、と説いています。精力善用（「精力の最善活用」の約言）とは、「心身の力を最も有効に使用すること」であり、自他共栄（「相助相譲・自他共栄」の略）とは、「自己の栄のみを目的とせず、助け合い、譲り合い、融和強調して、共に栄えること」です（全柔連発行『柔道の基本指導』参照）。

山口監事のこれまでの対応やコメントを見る限りは、山口監事は「心身の力を最も有効に使用して、他者を巻き添えにしてでも、自らの責任逃れと自己保身を図ろうとしているのではないか」とさえ見えます。これでは、嘉納師範が泣きます。

過ちは誰にでもあります。これを指摘されれば、素直な気持ちで、潔く謝り、その身を慎むとともに、その償いをなすべきではないかと思います。

6 指導者個人助成金問題の実態（個人単位での分析結果）

（平成26年7月3日）

「振興センター助成金問題に関する第三者委員会」の調査結果を、調査対象の63名の指導者個人単位で精緻に分析してみると、今回の「ＪＳＣ指導者個人助成金の不適切受給問題」について、以下のような実態が明らかになる。

⑴「強化留保金への拠出（不適切支出）問題」の実態

① 助成金問題に関する第三者委員会の調査結果によれば、調査対象期間とした平成19年度から24年度までの間、強化留保金へ拠出した指導者数の推移は以下のとおり。

平成19年度　受給した指導者28名のうちの6名（拠出者の割合は21％）
平成20年度　受給した指導者27名のうちの5名（拠出者の割合は19％）
平成21年度　受給した指導者16名のうちの10名（拠出者の割合は63％）
平成22年度　受給した指導者47名のうちの38名（拠出者の割合は81％）
平成23年度　受給した指導者49名のうちの38名（拠出者の割合は78％）

平成24年度　受給した指導者47名のうちの11名（拠出者の割合は23％）
＊22年度以降は国際大会での選手の活躍により指導者の受給数枠も大幅に拡大した。

②平成19年度において拠出をしていたのは、男子指導者としては山下泰裕氏（現副会長）と他4名、女子指導者としては山口香氏（現監事）である。山下氏は当時強化委員会副委員長であり、山口氏は強化委員であった。

③山下氏は平成22～24年度においても助成金を受給しているが、この間も、強化留保金への拠出をしている。

④以上のとおり、第三者委員会において「目的外の不適切な使途」と判断された強化留保金問題について、山下・山口両氏はその拠出において、先駆的・先導的な関与をしている。

2「収支報告書の虚偽記載疑惑問題」の実態

①第三者委員会は、全柔連の指導者が作成・提出していた資金計画・収支報告書は実態と乖離したものであると指摘している。しかしなぜか、助成金の使途として強化留保金への拠出は不適切であると判断しただけで、その他の使途の適不適についての具体的、個別の判断・評価をしていない。

②　今回、山口氏に対して平成19年度の収支報告書について再三にわたりその事実関係の説明を求めたものの、山口氏からは最後まで何ら具体的な説明がなされなかったことからも、これが虚偽の収支報告書である疑いは極めて濃厚である。

山下泰裕氏の作成・提出した平成19年度の資金計画・収支報告書も、その内容は山口氏の提出したものとほぼ同様である。

③　これらの、山下・山口両氏の書類作成の実績が先例となり、その後の後進の指導者における、実態と乖離した申請書類の作成につながっていったと思われる。

7 「柔道MINDプロジェクト」について（意見）（平成26年7月3日）

（1）

全柔連は、平成26年4月に、新施策として、「暴力の根絶プロジェクト」を改組して新たに「柔道MINDプロジェクト」特別委員会を発足させました。

「全柔連の一連の不祥事」事件の発端となった暴力問題で、その「根絶」という強い言葉を用いたにもかかわらず、そのプロジェクトの発足からわずか1年、その成果も十分に確認できない段階で、成果を明確に測れない精神運動的なプロジェクト名に衣替えしてしまうのは、なぜ今なのかと、理解し難いところがあります。

（2）

この特別委員会の委員長は山下副会長ですが、山下副会長は、山口監事の本件事案に関し4月10日号『週刊文春』で、「私たち助成を受けた指導者に全く責任がないとは思いません。ただ、それよりも重要な問題が山ほどあるんです」とコメントしています。

その重要な問題が山ほどある中で、限られたスタッフで、また、「柔道MINDプロジェクト」なのかと、どこか唐突で、違和感を覚えます。

(3)

柔道修行を通じての人づくり・人間教育の運動を本気でやる気なら、まずこれまで10年間、大変な時間と費用をかけて行ってきた柔道ルネッサンス特別委員会（嘉納師範提唱の柔道の原点に立ち返った人間教育重視の事業）の活動とその成果について、しっかりと検証し、総括・反省をすることが先だと思います。

この間、柔道界の精神風土・倫理観は、柔道ルネッサンスで進めた「ごみの持ち帰り」などの表面的なマナー向上の姿とは裏腹に、何ら前進はなかった可能性が高いからです。

(4)

この「柔道ＭＩＮＤプロジェクト」のことが紹介された平成26年4月26日付の『朝日新聞』の記事を見る限りは、「ＭＩＮＤ」の英単語に無理やりはめ込んだような「礼節」「自立」「高潔」「品格」の四つの言葉にも違和感を覚えます。

果たして「自立」「礼節」「高潔」「品格」が、嘉納師範の説く柔道の精神（精力善用・自他共栄）、柔道修行の究極の目的（己を完成し世を補益する）とどう関わるのか。平成21年に、全国の柔道指導者から153本の寄稿を得て刊行された『柔道への想い――伝え継いでいきたい柔道の心』においても、頻出度合の高いキーワードは「感謝」「敬意」「思いやり」「謙虚さ」「礼儀」などであり、「自立」「高潔」「品格」などの言葉はどこにも出てきません。

柔道修行を通じての人づくり・人間教育のあり方というものは、嘉納師範の説く柔道の精神についての研究・理解はもちろんのこと、全国の柔道指導者の声や、フランス柔道連盟の柔道道徳規則8カ条など国内外幅広く他の例等も参考にしながら、もっと論議を尽くし、論理性を備えて奥行深く、かつ納得性・永続性のあるものでなければならないと思います。

⑸

全柔連は今ここで「高潔」「品格」などと、高尚ではあるが極めて抽象的な言葉を大上段に構えて人の道を説く前に、公益財団法人として、あるいはその主たる事業を「競技者および指導者の育成」（定款第4条⑴）とする競技スポーツ団体として、2020年東京五輪を見据えた柔道の競技スポーツとしての強化はもとより、当面の重要課題である、柔道事故の防止、柔道指導における暴力・パワハラ問題の解決が先決であると思います。

⑹

それらの重要課題に取り組む法人組織を適正・円滑に運営していく前提となるのは、コンプライアンスへの意識の向上やガバナンスの充実であると思います。

本件山口香監事の監事職としての適性・適不適問題についても、不都合な問題としてただ避けてばかりいるのではなく、問題に正面から取り組み、ひとつずつ誠実に対処し、勇気をもって信頼に足る、納得のいく結論を出していくことが、全国の柔道人への範となる、実のある柔道ＭＩＮＤを示していくことになるのではないかと思います。

あとがき

この記録は、平成25年1月から8月まで世間を騒がした「全柔連の一連の不祥事」事件について、その時に把握していた事実関係や、感じたこと考えたことを、そのまま再録する形でまとめ直したものです。

あれからわずかに1年ですが、時の移ろいは早く、事実関係そのものに変わるところはありませんが、その時に感じたこと考えたことについての記述には、今振り返れば、当時の、不条理に対する憤怒や失望もあり、随分と個人的な感情や見解が入っているところもあります。

でもここでは、当時の記録・記憶と印象そのものを大事にして公開しておきたいとの趣旨もあり、一部に感情の迸った気恥ずかしい記述や表現もありますが、これを極力そのまま取り入れて本稿にまとめました。

そのため、実名は極力伏せているとはいえ、本稿に出てきた関係者にとって不快な思いを抱かれるところも多々あろうことは十分に承知しています。

こういうことを一般に対して公開する術や表現の方法を知らない素人であることに免じて、ご容赦を賜りたいと思っております。

ひとつの出来事でも、切り口、見る側面によって、それに対する見方、評価は百人百様であり、時代や社会情勢によっても異なってくる、移ろっていくということは、世の常であると思っています。最後は、歴史の評価に委ねるということになると思います。

２０２０年東京オリンピックという一大イベントの、その招致活動の山場という最中に表面化した出来事であり、一時期、世の中がひっくり返るかのような社会的な騒ぎとなりました。

しかし所詮は、柔道界の、どこの組織にでも常に内包しているかもしれないような、細やかな、と言ってはまた語弊を生みますが、そのような出来事です。今も既にそうなりつつありますが、社会からは忘れられ、いずれは時間の経過とともに人々の記憶からも消えていくのだと思っています。

ただ、嘉納治五郎師範が創始した講道館柔道の歴史はこれからも続いていきます。

この全柔連「騒擾の一年」を、単なる柔道界の内紛に起因するお騒がせ事件の記憶に留めず、これを正しく認識し評価をしていくことで、この1年の出来事が、これからの柔道界・全柔連の行くべき方向性を示す羅針盤ともなりうる価値あるものに転じていけばと願っています。

そして更に、政治のスポーツへの関与の問題、行政と競技力強化の関わり方、第三者委員会のあり方、メディアスクラムのもたらす世論パワーハラスメント化現象など、一般社会的な事象としての問題提起につながるところがあれば、柔道界の歴史に一層の厚みと社会的な意義を加えることができるのではないかと、独りよがりな夢も描いています。

最後にまた私事になりますが、本稿の冒頭、中学卒業50年の同窓会のことに触れ、当時の日記に書いた「新聞なんてものはこんなもんだから」という記述を紹介しました。

メディアの報道する内容について、記者の方も人間ですから個人の取材力・文章表現力に差もありますし、読んでもらって見てもらって広告媒体としての価値も高まる商業メディアとして淡々とした平板な事実描写よりも、読者・視聴者の関心と興味を引く事実描写に傾きがちになるのは止むを得ないと思います。また、人間一人ひとりのことよりも大衆世論の関心に合わせて報道しがちになることも止むを得ないと思います。時に、権力（政治・行政）や金力（広告スポンサー等）への配慮も出てくると思います。一方で社会の公器・木鐸を標榜するメディアとして、そうあって欲しくはありませんが、かといって個人では、それをどうこうする術もありません。

だからこそ、一人ひとりの個人は、相手がメディアであれ、それに影響を受けた行政・政治であれ、仮に第三者委員会であっても、おかしいと思うことについては、様々な形・場面で、それを正していこうとする努力を弛まず怯まず続けていくしかないし、そうあらねばならないと思っています。

50年前に理科の授業の時間を削ってこの訓示をされたT先生は、「津久見二中還暦＋5同窓会」と銘打ったこの同窓会にも参席してくださいました。相当のご高齢のはずですが、先生の50年前の「授業態度」をそのまま彷彿とさせるような、反骨の気概未だ衰えずの近況エピソードを交えて、元気にごあいさつをされていました。

当時の日記を読み返しつつ改めて、中学校時代の個性あふれる先生方に、「相手が誰であれ、自分の信じることを、勇気をもって貫いていくこと」の大切さを教わってきたのだと思っています。また大学時代は柔道部で柴山謙治師範のもと「参ったなしの精神」を学びました。

こうして本稿が完成しました。生まれ育った故郷と育んでくださった母校、その時々の先生方に心より感謝の意を表し、お礼を申し上げます。

加藤　英樹（かとう　ひでき）

1949（昭和24）年、大分県（津久見市）生まれ。
一橋大学（法学部）卒業後「旭化成工業株式会社」入社。2002（平成14）年、日本社会事業学校（研究科）卒業後「社会福祉法人ロングライフ小諸」入職（介護老人福祉施設勤務；生活相談員）。
2009（平成21）年、「財団法人全日本柔道連盟」入職（事務局参与）、世界柔道選手権2010東京大会の開催準備（大会事務局次長）、公益財団法人への移行等の業務に携わり、2014年1月に退職。中学校時代と大学で柔道部に所属、講道館柔道弐段、全柔連登録会員。社会福祉士。

全柔連「騒擾の一年」の記録

2015年1月30日　初版発行

著　者　加藤英樹
発行者　中田典昭
発行所　東京図書出版
発売元　株式会社 リフレ出版
〒113-0021　東京都文京区本駒込 3-10-4
電話（03）3823-9171　FAX 0120-41-8080
印　刷　株式会社 ブレイン

ISBN978-4-86223-823-8 C0095
Printed in Japan 2015

ご意見、ご感想をお寄せ下さい。

［宛先］〒113-0021　東京都文京区本駒込 3-10-4
東京図書出版